Viktoria Urbanek

Glücksorte im Salzkammergut

Fahr hin & werd glücklich

Dieses

Glücksbuch

ist für

Liebe Glücksuchende,

das Salzkammergut ist eine riesige Schatztruhe. Eine ohne Boden. Und je tiefer man gräbt, desto mehr tut sich auf. So habe ich im letzten Jahr nicht nur einzigartige, ruhige, feine und köstliche Glücksplatzerln im Herzen Österreichs entdeckt, sondern auch so manch skurrilen Ort, der ein Lächeln ins Gesicht zaubert.

Mit jeder Erkundungstour, die ich für mein „Lerne deine Heimat kennen“-Projekt unternommen habe, ist mir das Salzkammergut mehr und mehr ans Herz gewachsen.

Als ich 2016 aus der Steiermark nach Oberösterreich zog und die ersten ausführlichen Ausflüge ins Salzkammergut unternahm, hatte ich keine Ahnung, dass ich wenige Jahre später diese in einem Buch über Glücksplatzerln niederschreiben würde.

Über 120 Orte habe ich im Zuge meiner Recherche besucht, erkundet, ausgeforscht und erlebt. Dieses Buch mit 80 Glücksorten soll Sie dazu inspirieren, die Schatztruhe mit Namen Salzkammergut selbst kennenzulernen und dem Glück auf der Spur zu sein.

Ihre Viktoria Urbanek

Deine Glücksorte …

… noch mehr Glück für dich

Pure Herzlichkeit

1 Urlaub am Rauhbergerhof in Tiefgraben

Zufällig kommt man am Hof von Familie Schafleitner nicht gerade vorbei – man muss schon wissen, wo man ihn findet. Dabei liegt er nicht etwa am Ende eines vereinsamten Weges, sondern einfach ein wenig abseits. So wie eben auch das Glück nicht direkt am Straßenrand auf jemanden wartet, sondern sich eher den Suchenden zeigt. Wen also das Glück auserwählt und wem es den Rauhbergerhof offenbart, der wird immer und immer wieder hierher zurückkehren. Denn hier wird gelacht, miteinander gelebt und in jedem Augenblick Lebensfreude versprüht. So beginnt der Tag bereits mit einem herzhaften Frühstück, das Hausherrin Elisabeth Schafleitner mit unzähligen hausgemachten Naturprodukten für ihre Gäste in der Bauernstube liebevoll zubereitet. Ihr Lachen ist übrigens ansteckend und vertreibt jegliche ungemütliche Gedanken, die im Kopf herumgeistern mögen. Vollkommen ausgeliefert ist man ihrer überschwänglich guten Laune, die die Mundwinkel automatisch an ihre höchsten Stellen wandern lässt. Was kann es Schöneres geben, als so morgens in den Tag zu starten? Der Rauhbergerhof ist zu allen Jahreszeiten ein Ort des Ankommens. Besonders gemütlich ist es im Frühling und vom Spätsommer bis in den Herbst. Die Nähe zum Mondsee und zum Irrsee ist ideal für Spaziergänge und natürlich auch für die eine oder andere Abkühlung im See. Aber wieso wegfahren, wenn doch direkt am Hof die vielen grunzenden, miauenden, hoppelnden, watschelnden oder auch wiehernden Hofbewohner nur darauf warten, mit den Gästen Bekanntschaft zu schließen (und sich dadurch das eine oder andere Leckerli erhoffen)?

TIPP
Elisabeths Eiernudeln sind ein ideales Geschenk für Freunde – oder sich selbst!

Und was bringt so eine kleine Auszeit auf dem Land noch mit sich? Herunterkommen, entschleunigen und vor allem wieder ein Stückchen zu sich selbst (zurück)finden. Auch dafür gibt es am Rauhbergerhof ein Platzerl: Unter einer mächtigen alten Linde steht einladend ein Tisch mitsamt Holzbänken und einem Ausblick, der zum Träumen einlädt. Hier, wo Herzlichkeit keine Grenzen kennt, wohnt das Glück und freut sich, entdeckt zu werden.

● Rauhberger Hof, Rauhberg 13, 5310 Tiefgraben, Tel. +43 (62 34) 81 80
www.urlaubambauernhof.at/de/hoefe/rauhbergerhof

Ein Stück Japan

2

SeeSushi am Wolfgangsee

Kreativität und Einzigartigkeit werden bekanntlich belohnt. Wenn sich also ein Geschwisterpaar zusammentut und genau das verfolgt, dann sprühen Funken und etwas Großartiges entsteht. Mit einer guten Portion Nachhaltigkeit und Bewusstsein für die Natur hat die jüngste Generation des Hotels Bergrose ein Kulinarikkonzept gezaubert, das seinesgleichen sucht. Das Geschwisterpaar Viktoria und Dominik Edlinger hat eher städtische Speisen zu sich aufs Land geholt und mit SeeSushi ein wahres Mekka für Foodies in Strobl erschaffen.

Dominik nahm zunächst unterschiedliche Herausforderungen in den großen Restaurants der Welt an, bevor er mit jeder Menge Inspiration und Tatendrang im Gepäck wieder zurück in den Familienbetrieb fand – um diesen dann mit seiner jüngeren Schwester umzukrempeln. Regionalität und Nachhaltigkeit werden hier gelebt. So sucht man Thunfisch-Rolls oder Lachs-Makis vergeblich auf der Speisekarte. Stattdessen findet man dort österreichische Sushi-Interpretationen, die einzigartig sind. Fangfrischer Fisch aus den umliegenden Salzkammergutseen wird Donnerstag bis Sonntag von Dominik und seinem Team in der Küche in köstliche Eigenkreationen verwandelt. Frei nach dem Motto „echt sein dürfen" erschaffen sie so aus Saibling, Lachsforelle, Waller oder auch Gebirgsgarnele tatsächlich SeeSushi. Bei See Viche, Rolled Sushi mit Crispy Saibling oder Eierschwammerl (Pfifferlinge) lässt sich so ein lauer Sommerabend im gemütlichen Gastgarten doch perfekt ausklingen. Die Heirat von japanischer Küche und österreichischem Ideenreichtum ist ein liebevolles und durchaus gelungenes Geschmackserlebnis.

Wer nun neugierig geworden ist und mehr über die Kunst des Sushi-Machens erfahren möchte, sollte unbedingt in der SeeSushi School an einem Workshop teilnehmen. Dabei gewinnt man nicht nur einen Einblick und lernt die Sushi-Basics, sondern unterhält sich auch ganz bewusst über Nachhaltigkeit und macht einen Abstecher in den Wald.

TIPP

Wer sein Sushi bei einem Picknick direkt am See genießen möchte, kann es als Take-away vorbestellen.

- SeeSushi, Hotel Bergrose, Weißenbachtalstraße 15, 5350 Strobl, Tel. +43 (6 77) 64 60 05 73, www.seesushi.net
- ÖPNV: Bus 150, Haltestelle Strobl Weißenbach Ort

Idylle mit Weitblick

3

Die Signalkogel und die Langbathseen

Wenn sich morgens die ersten Sonnenstrahlen über die Bergrücken schmiegen und sanft ins Tal hineinfallen und man diese Momente mit den eigenen Augen genießen kann, dann muss man sich einfach glücklich schätzen. Wenn dann auch noch Bergseen im Spiel sind, ist es wie ein Jackpot in der Glückslotterie. Die Langbathseen garantieren diesen Jackpot. Bereits beim Aussteigen aus dem Auto am Parkplatz merkt man, dass dieser Ort etwas ganz Besonderes ist. Hier liegt ruhig und verschlafen wirkend der erste der Langbathseen. Wer früh morgens hier aufschlägt, sieht vielleicht einen der einheimischen Fischer, der seine Angel auswirft und mit der Stille ganz im Einklang ist.

Die beiden Langbathseen – der Vordere und der Hintere – sind durch eine breite Forststraße verbunden und ein Wanderweg umschlingt die beiden Alpenseen. Allein schon dieser Weg würde seinen eigenen Glücksort verdienen. Direkt am See entlang schlängelt er sich und gibt spannende Motive preis, die von Ästen und Bäumen gerahmt sind. Ein wacher Blick wird belohnt, denn im seichten Wasser schwimmen immer wieder Seeforellen und andere Artgenossen vorbei. Noch magischer wird es allerdings, wenn man an Höhe gewinnt und die Seen kurzzeitig hinter sich lässt. Über weichen Waldboden geht es gut 300 Höhenmeter gemütlich weiter hinauf. Der Blick vom Hinteren Signalkogel aus ist einfach unbezahlbar und wer im Frühling hier ist, wird die noch immer schneebedeckten Gipfel in der Ferne hinter dem Hinteren Langbathsee erblicken können. Hier oben befindet sich auch eine kleine Lichtung, die sich für ein Picknick oder zumindest eine kurze Pause eignet, um innezuhalten und den Vögeln bei ihrem Gesang zu lauschen. Wer es hier schon traumhaft findet, sollte auf jeden Fall weiter zum Vorderen Signalkogel gehen und sich dort auf dem Bankerl am Gipfelkreuz ins Gipfelbuch eintragen. Der Weitblick und der schimmernde See im Tal sind wie aus einem Hochglanzmagazin – nur in echt. Was für ein Glücksmoment.

TIPP

Wer mutig genug ist, packt ein Handtuch ein und kühlt sich nach der Wanderung im See ab.

● Signalkogel und Langbathseen, 4802 Ebensee

Ein kaiserliches Geschenk

4

Die Kaiservilla in Bad Ischl

Bereits der jungen Elisabeth wurde 1853 in Bad Ischl das wohl vermeintlich größte Glück zuteil. In der Kurstadt lernte sie ihren zukünftigen Ehemann, den Kaiser von Österreich, kennen. Nur acht Monate später heirateten die beiden in der Augustinerkirche in Wien. Ihre Verbundenheit zum Salzkammergut und insbesonders zu Bad Ischl blieb unter anderem durch das besondere Hochzeitgeschenk der Kaisermutter Erzherzogin Sophie bestehen. Anders als in den Sissi-Filmen von Ernst Marischka mit Romy Schneider porträtiert, fand die Verlobung nicht in der Kaiservilla statt. Denn zu diesem Zeitpunkt war diese noch gar nicht im Besitz der Habsburger. Ursprünglich gehörte das Anwesen im Biedermeierstil einem Wiener Rechtsanwalt, der es an einen Arzt verkaufte, bevor Erzherzogin Sophie es schließlich als Hochzeitsgeschenk für Franz Joseph I. und Elisabeth erwarb. Sie ließ das Gebäude aufwendig umbauen und ergänzte dessen Grundform, sodass es aus der Vogelperspektive betrachtet, die Gestalt des Buchstaben E für Elisabeth annahm. So wurde über die Jahre auch ein Cottage auf den Ländereien erbaut, für das der damalige Hofgärtner Franz Rauch nach England gesandt wurde, um die dortigen Bauten und Gärten zu studieren und das Wissen daraufhin in Bad Ischl umzusetzen. Das Resultat war das Marmorschlössl, das aus rotem Untersberger Marmor erschaffen wurde. Die Kaiserin hielt sich hier übrigens besonders gerne auf.

TIPP

Der Spiegelpavillon im Kaiserpark bietet besonders an heißen Tagen begehrten Schatten.

Einen Einblick in die Räumlichkeiten der Kaiservilla bekommt man ausschließlich im Rahmen einer Führung. Dabei gewinnt man einzigartige Einblicke in das Haus und die einstige Kaiserfamilie. Das ehemalige Arbeitszimmer der Sommerresidenz des Kaisers ist ebenfalls zugängig. Am Schreibtisch wacht eine Büste der jungen Elisabeth und scheint alles im Blick zu behalten. Die Wände zieren neben Gemälden auch Fotografien aus jener Zeit. In der Ecke steht übrigens der erste Siemens-Ventilator – aus Holz.

- Kaiservilla, Jainzen 38, 4820 Bad Ischl, Tel. +43 (61 32) 2 32 41, www.kaiservilla.at
- ÖPNV: ab Busterminal Bad Ischl und Bahnhof ca. 10 Minuten Fußweg

Auf der Schmalspurbahn

5

Als Hobbylokführer von Vorchdorf nach Gmunden

Einmal selbst Lokführer oder Lokführerin sein und sich einen Kindheitstraum erfüllen. Das klappt entlang der Strecke der Traunseetram von Vorchdorf nach Gmunden beim Hobbylokführerkurs. Zum Einsatz kommt dabei der historische Triebwagen Betty von Stern & Hafferl, der im Jahr 1921 gebaut wurde. Bei den Holzbänken und der rotgelben Lackierung kommen Nostalgiegefühle auf und man meint, in der Zeit zurückgereist zu sein. Heute gibt es nur noch sieben Schmalspurbahnen, die in Österreich nach wie vor touristisch und im Alltagsverkehr genutzt werden.

Nach einer kurzen Einschulung am Bahnhof Vorchdorf, wo Schalter, Hebel und Verkehrszeichen durch einen geschulten Triebfahrzeugführer erklärt werden, geht es auch bereits los. Schon rollt man mit Schmalspurtriebwagen Betty mit Kennung ET 23 103 aus dem kleinem Kopfbahnhof in Richtung Südwesten – dem Traunsee entgegen. Zwei Achsen und zwei Motoren hat man also nun selbstständig zu steuern. Gemütlich geht es mit bis zu 30 km/h durch die sanfte Landschaft, vorbei an den zahlreichen kleinen Bahnhöf(ch)en. Mehrmals kreuzt man dabei auch die Landstraße, die fast parallel verläuft. Dank Automatik werden die Schranken und Ampeln bei den meisten Übergängen geregelt. Bei den anderen darf man im kleinen Lokführerabteil kräftig an der Leine ziehen. Diese betätigt das Horn außen und gibt das markante Warnsignal von sich. Im Inneren gibt es kaum moderne Unterstützung wie Bremskraftverstärker – so muss man tatsächlich auch zupacken und mit voller Kraft auf das Bremspedal treten, um den schweren Wagen zum Halt zu zwingen. So eine Dame älteren Semesters wie Betty eine ist, verfügt noch über eine manuelle Gangschaltung, bei der Fingerspitzengefühl gefragt ist. Besonders beim Anfahren muss das Timing perfekt abgestimmt sein.

Der Endbahnhof der Schmalspurbahn ist gleichzeitig der älteste Bahnhof der Republik. Nach der Rückreise von Gmunden-Engelhof nach Vorchdorf bekommt man dann auch die Urkunde als Hobbylokführer überreicht.

TIPP

Den Hobbylokführerkurs kann man übrigens auch auf der Strecke der Atterseebahn absolvieren.

● Bahnhof Vorchdorf, Bahnhofstraße 40, 4655 Vorchdorf, Tel. +43 (76 14) 62 07
www.stern-verkehr.at/portfolio/hobbylokfuehrer
● ÖPNV: Traunseetram, Haltestelle Bahnhof Vorchdorf

Lokalbahn
LAMBACH-VORCHDORF-EGGENBERG AG
VORCHDORFERBAHN
MENSCHEN

Ein Laden mit Geschmack

6 Sissikuss auf der Esplanade in Bad Ischl

Ein bisschen Kitsch muss und darf sein, wenn er denn stilvoll ist. Und davon gibt es jede Menge bei Sissikuss, einem liebevoll geführten und kuratierten Laden im historischen Musikpavillon direkt auf der Esplanade an der Traun in der Kurstadt Bad Ischl. Das Gebäude an sich ist schon eine Schmuckschatulle aus vergangenen Zeiten, und was sich darin befindet, sind viele, viele Schmuckstücke – aus der heutigen Zeit. Die Masterminds dahinter sind die Ischler Katharina Weglehner und ihr Mann Kurt. Mit Sissikuss erfüllen sich die beiden Grafiker einen Traum und kreieren regelmäßig neue, schicke Souvenirs, die man gerne mit nach Hause nimmt. So gibt es Postkarten, die einen neonpink eingefärbten Kaiser zeigen, wie er gerade eine Giraffe durch einen Gucker beobachtet. Als Mitbringsel aus der Kaiserstadt eignet sich auch „Sissis Seifenstein", der in der Benediktiner Seifenmanufaktur am Wolfgangsee nach eigener Rezeptur gefertigt wird. Generell kommen bei Sissikuss nur regionale und einzigartige Schmankerl in die Verkaufsregale, die auch nachhaltig hergestellt wurden. Es ist den beiden Gründern ein Anliegen, die bewegte Vergangenheit der Kaiserstadt im Salzkammergut in die Gegenwart zu holen. Sie lieben die Kombination aus Alt und Neu und lassen sich durch ihre Umgebung immer wieder neu inspirieren.

TIPP

Das Sissikuss organisiert regelmäßig tolle Events. Mehr Infos gibt's auf der Website.

Ein besonderes Herzensprojekt ist der Original Ischler Gin namens Elisabeth N°1. Gemeinsam mit dem Schnapsbauern Sigi Rieger vom Primushäusl in Gschwendt am Wolfgangsee haben sie ein neues Getränk auf den Markt gebracht. Mit Kräutern aus den Alpen und auch Rosenblüten haben sie einen unverwechselbaren Geschmack mit milden Noten erschaffen. Eine Besonderheit ist auch das Blattgold im Gin, das in der Flüssigkeit tanzt, als wäre es eine Schneekugel. Würdig einer Kaiserin also. Der Geschmack von Elisabeth N°1 wird übrigens am besten pur oder auf Eis genossen.

- Sissikuss, Pavillon an der Esplanade, 4820 Bad Ischl, Tel. +43 (6 50) 8 92 30 15 www.sissikuss.at
- ÖPNV: ab Busterminal Bad Ischl und Bahnhof ca. 12 Minuten Fußweg

GIN
ELISABETH
Nº1
BAD ISCHL

Frühstück aus dem Paradies

7

Die Röhre in Unterach am Attersee

Von außen wie von innen ist die Röhre ein echter Hingucker. Wer den kürzesten Weg zwischen Attersee und Mondsee nimmt, kommt hier unweigerlich vorbei – und fühlt sich von diesem skurrilen Bauwerk einfach angezogen und eingeladen stehenzubleiben. Die beiden Vorarlberger Christian und Margit Denz haben sich hier ein wahres Unikum geschaffen. Ihr Ziel war es, einen zylindrischen Raum zu kreieren, der einem Flugzeug zwar ähnelt, jedoch weitaus gemütlicher ist. Gemeinsam mit einem Architekturbüro aus dem Ländle haben sie ihren Traum umgesetzt und Ende 2004 wurde das Konstrukt aus Massivholz fertiggestellt. 28 Meter lang und mit einem Innendurchmesser von 5 Metern ist der kreative Bau – samt Anbau und großzügigem Gastgarten. Im Inneren kann man sich kaum sattsehen an den verspielten Details und der opulenten Deko. Auf den ersten Blick mag es ein wenig viel wirken, aber schon beim zweiten Hinschauen ergibt einfach alles Sinn. Ebenso ungewöhnlich wie innovativ ist die Speisekarte, die regionale Schmankerl sowie internationale Food Trends und Einflüsse kombiniert und aufgreift. Ihr Motto wird nicht nur auf die Servietten gedruckt, sondern auch gelebt: The Food Adventure – a boring kitchen sucks.

TIPP

Die Röhre ist auch der ideale Ort für besondere Anlässe wie Geburtstagsfeiern.

Ein Highlight und aus diesem Grund auch ein echter Glücksort ist die Röhre zu Beginn des Tages – also zur Frühstückszeit. Unbedingt mitzubringen ist etwas Zeit, um sich durch die wohl ausführlichste Frühstückskarte des Landes zu lesen. Über fünfzig verschiedene Kombinationen, die an Kreativität nicht zu übertreffen sind, finden sich dort. Das dürfte die Definition von „die Qual der Wahl" sein – wobei Qual im positivsten Sinne zu verstehen ist. Wer die Karte in Händen hält, trifft berühmte Persönlichkeiten wie Kaiser Franz Joseph, Arnold Schwarzenegger oder auch Louis Armstrong, die ihre Namen den Frühstückskreationen leihen. Einfachere Gerichte wie Pancakes oder Müsli stehen ebenso zur Auswahl wie Blattspinat mit Limetten-Cocosrahm, hausgebeiztem Lachsfilet oder mexikanischen Huevos Rancheros.

● Die Röhre, Eichenweg 1, 4866 Unterach am Attersee, Tel. +43 (6 64) 1 33 98 64
www.dieroehre.com

Einmal über den See, bitte!

8 Mit der Zille über den Fuschlsee

Wie wäre es mit einem gelungener Perspektivenwechsel? Und zwar von einer Art, die absolut gemütlich ist und bei der man selbst kaum etwas zutun muss? Lediglich zur Schiffsanlegestelle muss man es selbst schaffen. Den Rest übernimmt ein erfahrener und meist durchaus humorvoller Zillenkapitän.

Zillen und auch Plätten sind im Salzkammergut ein bekanntes Fortbewegungsmittel zu Wasser. Für kleinere Überfahrten oder Touren werden sie nach wie vor gerne eingesetzt. Eine der schönsten Routen führt über den Fuschlsee im Salzburger Land. Ideal lässt sie sich mit einer Wanderung entlang des Ufers kombinieren. Mit der Zille bis zum einen Ende des Sees und retour zu Fuß oder eben umgekehrt. Für die Zillenfahrt gibt es zwei Einstiegsstellen: einerseits direkt in Fuschl am See bei der Seepromenade oder am gegenüberliegenden Ufer bei der Schlossfischerei. Von Mai bis Oktober gibt es mehrmals am Tag Überfahrten – unter der Voraussetzung, dass das Wetter sich von seiner sonnigeren Seite zeigt. An besonders schönen Sommertagen kann es schon mal passieren, dass die Kapazität des Boots schnell erreicht ist. Deswegen entweder beim Hotel Ebner's Waldhof an der Rezeption reservieren oder früher am Abfahrtsort sein. Wenn die Fahrt dann mal losgeht, wird man schnell merken, wie ruhig und sanft die Bewegung der Zille im Wasser ist. Denn die Holzboote sind mit einem leisen Elektromotor ausgestattet, der beinahe mucksmäuschenstill arbeitet. Die vielen kleinen Buchten lassen sich am besten vom Wasser aus erkunden und jede von ihnen hat ihren eigenen Charakter.

Das, was für viele die Magie des Fuschlsees ausmacht, ist die türkisblaue Farbe des Wassers. Immer wieder kommt die Frage auf, ob hier nicht mit Farbmitteln nachgeholfen wurde, so intensiv leuchtet der See. Aber keine Sorge: Die natürlichen Sedimente und Nährstoffe im Wasser sorgen für diese atemberaubende Farbpracht. Denn Trinkwasserqualität haben alle großen Seen im Salzkammergut.

- Schiffsanlegestelle „Die Fuschlerin" Zillenschifffahrt, gegenüber Seestraße 14, 5330 Fuschl am See, Tel. +43 (62 26) 82 64
www.ebners-waldhof.at/de/zillenschifffahrt-fuschlsee
- ÖPNV: Bus 150, Haltestelle Fuschl am See Ortsmitte

Die Festtags Fuschlerin

Balsa für die Seele

9 La Tortería in Gmunden

Das kleinste Café Gmundens ist eine wahre Schatzkiste für Naschkatzen und alle, die es süß mögen. La Tortería ist ein Ort, an dem man gerne verweilt und die Welt beim Eintreten hinter sich lässt. Hier werden Kuchen, Küchlein, Torten und Törtchen mit der größten Leidenschaft von Victoria Balsa gezaubert. Die gebürtige Argentinierin trifft mit ihren Kreationen den geschmacklichen Nagel auf den Kopf. Gleichzeitig überrascht sie mit den unterschiedlichsten Kombinationen aus heimischen Geschmäcken und denen, die sie aus ihrer Heimat mitgebracht hat. Eine Vitrine per se gibt es bei ihr nicht, dafür reicht der Platz in ihrem kleinen Mehlspeisen-Paradies einfach nicht aus. Man tritt ein, lässt sich vom Duft aus der Küche verführen und umarmen und Victoria Balsa zählt die frischen Kreationen auf, die nur darauf warten, genüsslich verspeist zu werden.

Die Idee, ein eigenes Kaffeehaus oder eben Kaffeehäuschen zu eröffnet, trug sie schon lange in sich. Bereits als Kind hat sie schon gerne gebacken und im Laufe der Jahre regelmäßig Motivtorten für Freunde kreiert. 2017 war es dann so weit und sie adoptierte das kleine Ecklokal im Herzen der Fußgängerzone von Gmunden. Hier schuf sie eine Begegnungszone für Einheimische und Besucher, hier werden Geschichten ausgetauscht und einfach das Leben – mit köstlichen Kreationen – genossen. Von Klassikern wie Schokoladen-Tarts, die sogar glutenfrei sind, weiter zu flambierten Zitronen-Tarts, die zu den Lieblingen der Kaffeehausbesucher zählen, lässt sie auch Einflüsse aus Lateinamerika einfließen. Besonders gerne verwendet Victoria Balsa Dulce de Leche, die sie aber nicht ganz so süß zubereitet wie in ihrer Heimat.

La Tortería ist nicht irgendein 08/15-Kaffeehaus, es ist ein erweitertes Wohnzimmer mit direkter Verbindung zu einer begabten Konditormeisterin. Im Sommer vergrößert sich das kleinste Kaffeehaus der Stadt auf das Gässchen in der Fußgängerzone und man kann sich an der frischen Luft dem Kuchen-Glück voll und ganz hingeben.

- La Tortería, Salzfertigergasse 4, 4810 Gmunden, Tel. +43 (6 99) 11 17 72 22 www.victoriabalsa.com
- ÖPNV: Bus 511, Haltestelle Gmunden Rathausplatz

Ein Gefühl von Zuhause

10 Im Hotel Ebner's Waldhof am Fuschlsee genießen

Was als Gutshof begann und sich über die Jahrhunderte dann zunächst als Frühstückspension etablierte, ist heute ein Wellness- und Familienhotel der besonderen Art. Am östlichen Ende des Fuschlsees gelegen, ist es der ideale Ausgangspunkt, um auch die umliegende Region zu erkunden – oder einfach am Pool oder See zu liegen und die Seele baumeln zu lassen. Über dem Eingangstor wird man mit den Worten „Endlich daheim" willkommen geheißen und dieses Versprechen wird beim gesamten Aufenthalt eingehalten. Diejenigen, die auf der Suche nach einer kleinen Auszeit sind, finden hier Entspannung, Erholung und alles, was man eben braucht, um sich von den Strapazen des Alltags zu erholen. So kann man aus über hundert verschiedenen Behandlungen im Spa wählen und somit seinem Geist und seinem Körper etwas Gutes tun. Viele der Essenzen, die zum Beispiel bei Massagen verwendet werden, stammen aus dem eigenen Kräutergarten und können auch als Mitbringsel für die Liebsten mitgenommen werden. Immer und immer wieder wurde im Waldhof dazugebaut und erweitert, um den Gästen ein Paradies zum Abschalten bieten zu können. Zum Anwesen gehören das Stammhaus, das Gütl, die Villa und der Ansitz, wo sich die Zimmer befinden. Viele von ihnen mit direktem Blick auf den ruhigen Fuschlsee.

TIPP

Lust auf einen Tag Wellness? Im Day Spa Package sind auch Frühstück und Jause inkludiert.

Der Waldhof versteht sich als Oase sowohl für Feinschmecker, Ruhesuchende und Genießer wie auch Familien. Die vielen verschiedenen Gebäude bieten für jeden Platz und jeder findet eine Ecke, in der er sich ausruhen oder auch austoben kann. Kletterer finden eine eigene kleine Indoor-Boulder-Ecke, Tierliebhaber können im Rösslstall die Ponys und Alpakas begrüßen oder man taucht im Wellnessbereich in einem der sieben Pools ab. Besonders ist das Solebecken mit Unterwassermusik. So gelingt Entspannung. Nicht nur Hotelgäste können in den Genuss der Ruhe und der Kulinarik des Hauses kommen. So sind Restaurant und Wellnessbereich auch öffentlich zugängig.

- Ebner's Waldhof, Seestraße 30, 5330 Fuschl am See, Tel. +43 (62 26) 82 64 www.ebners-waldhof.at
- ÖPNV: Bus 150, Haltestelle Fuschl am See Ortsmitte

Seerosen in Übergröße

11 Das Gschmå-Platzl am Wolfgangsee

Glück kann man nicht erzwingen, aber es selbst in die Hand nehmen, indem man Plätze aufsucht, die glücklich machen. Rund um den Wolfgangsee hat man diese Orte ganz bewusst geschaffen und ihnen den klingenden Namen Gschmå-Platzl verliehen. Im Dialekt des Salzkammerguts beschreibt dies den Zustand fast vollkommenen Glücks und Zufriedenheit. Und damit dieses Gefühl und seine Bezeichnung nicht in Vergessenheit geraten, wurden eben zehn solcher Plätze zum Herunterkommen, Sich-aufs-Wesentliche-Besinnen und Genießen geschaffen. Sie liegen an Wanderwegen quer in der Region verstreut und wer ganz viel Glück sucht, sucht sie alle nacheinander auf.

Eines der zehn Gschmå-Platzln liegt gerade noch so im oberösterreichischen Teil des Wolfgangsees, etwas verborgen hinter dem Bürglstein, wenn man von St. Wolfgang aus gen Osten blickt. Direkt am oder besser gesagt im Wasser wurde aus Holz eine Konstruktion einer überdimensionierten Seerose erschaffen, deren Blüten sich in Richtung Sonne und ihrer wärmenden Strahlen streckt. Sie ist nicht nur als Kunstwerk an sich zu betrachten, sondern lädt auch ein, sich hinzusetzen, die Beine im kühlen Wasser baumeln zu lassen und selbiges mit der Seele zu tun. Die Gedanken dabei treiben lassen und die unglaublichen Weitsichten von Strobl bis zu den gegenüberliegenden Bergen aufsaugen und Kraft – und Glück – tanken. Was diese Gschmå-Glücksorte ebenfalls auszeichnen, ist die Tatsache, dass der Wolfgangsee so reines Wasser hat, dass dieser als Referenzgewässer in der Europäischen Union gilt – und bei den Einheimischen als Lebenselixier geschätzt wird.

Einen perfekten Tag lässt man am besten nach einem gemütlichen Spaziergang rund um den Bürglstein und entlang des Holzstegs direkt bei den Seerosen aus Holz ausklingen. Die Badesachen bei Schönwetter auf keinen Fall in der Unterkunft oder gar zu Hause vergessen und beim Sundowner dann mit einem kühlen Getränk im erfrischenden Wolfgangsee auf diesen Gschmå-Moment anstoßen.

● Gschmå-Platzl Seerosen, Bürgl Rundweg, 5350 Strobl

Historie des Töpfchens

12 Das Klo & So Sanitärmuseum in Gmunden

Kann ein stilles Örtchen auch ein Glücksort sein? Im richtigen Augenblick auf jeden Fall! Und wer hätte gedacht, dass es hier im Salzkammergut sogar ein Museum gibt, das sich ausschließlich der sogenannten Gebrauchskeramik und deren Geschichte widmet. Direkt im Gmundner Kammerhofmuseum wurde ein gesamtes Stockwerk historischen Kloschüsseln gewidmet.
Während der Nachttopf früher einfach aus dem Fenster gekippt wurde, müssen wir uns heutzutage mit dieser Thematik nicht mehr wirklich auseinandersetzen. Es wird hinuntergespült und damit ist es erledigt. In der Klo-&-So-Ausstellung wird der geschichtliche Bogen von den ersten WC-ähnlichen Installationen ins Heute und weiter in die Zukunft gespannt. Wie war es vorgestern, wie ist es heute und was wird es noch an Erfindungen im Bereich der Sanitärkeramik geben?
Dem Thema eine Ausstellung zu widmen ist schon ungewöhnlich an sich. Die Stücke, die man dort findet, sind sogar noch ungewöhnlicher, als man sich vorstellen könnte. So findet man nicht nur ein handgefertigtes Keramikklo aus dem Jahr 1898, das gleichzeitig das älteste Stück der Ausstellung ist, sondern auch kaiserliche Stücke – oder Schüsseln. Besonders hervorzuheben sind dabei zwei Objekte, die die Herzen von Monarchie-Fans höher schlagen lassen. Von Kaiserin Elisabeth ist ein blau-weißes und mit Delfinen dekoriertes Klo aus Korfu anzutreffen wie auch ein Stück ihres Gemahls. Franz Joseph I. ließ auch auf seine Jagden durch die Wälder des Salzkammergutes ein portables Klo mittragen.
Es sind aber nicht nur Klos in der Ausstellung zu finden, sondern auch Bidets, Leibstühle und eine Kopie des Plumpsklos, das oben am Traunstein steht. Zu beinahe jedem der Stücke kennt Alfred Zinhobl eine Anekdote. Ihm ist es zu verdanken, dass es in Österreich dieses wahrlich einzigartige Museum gibt, das er als Kurator mit immer neuen Ideen ausstattet. Seine Führungen gestaltet er abwechslungsreich und bringt Humor in dieses manchmal trockene Thema.

- Klo & So, Kammerhofmuseen, Kammerhofgasse 7, 4810 Gmunden
museum.gmunden.at/klo-so
- ÖPNV: Bus 511, Haltestelle Gmunden Rathausplatz

NAUTILU

Flauschig und kuschelig

13 Genuss bei Franzls Fischzeit am Wolfgangsee

Wer beim Anblick der flauschigen und oft auch unbeholfen wirkenden Vierbeiner aus den Anden Schmetterlinge im Bauch verspürt, sollte sich aufmachen, um am Wolfgangsee echte Glücksmomente zu erleben. Denn im Restaurant Franzls Fischzeit wird nicht nur köstlich gekocht, sondern einmal pro Woche dürfen die Alpakas von der Weide auf die Terrasse und sich dort frei bewegen. Da ist dann oft nicht mehr ans eigene Essen zu denken. Schon gar nicht, wenn die domestizierte Kamelart aus Südamerika neugierig umherstelzt und ganz genau weiß, dass es frische Zweige als Jause gibt.
Momentan nennen die drei Alpakas Sandro, Pit und Odin sowie die beiden Miniponys Sissi und Leni den Hof am Wolfgangsee ihr Zuhause. Statt Anden sind also Alpen angesagt und die drei genießen ihr Leben auf der anderen Seite des Globus sichtlich. Die Vierbeiner sorgen stets für hervorragende Laune, lustige Momente und Urlaubsfotos, die man sich gerne noch lange ansieht.
Neben den Streichel- und Fütteraktivitäten der Alpakas ist die Terrasse des Franzls besonders in der warmen Jahreszeit ein Muss für jeden, der die Sommerfrische im Salzkammergut genießen möchte. Auf der Karte stehen lokale Köstlichkeiten, aber auch Flammkuchen und Steckerlfisch, die täglich frisch zubereitet und in den Ofen bzw. auf den Grill geworfen werden. Damit der Gaumenschmaus auch doppelt so gut schmeckt, wird bei den Zutaten auf Regionalität und Qualität geachtet. Was anderes kommt hier nicht auf den Tisch. So stammt der Fisch aus den umliegenden Salzkammergutseen, die Ente aus biologischer Landwirtschaft und genau das macht den kulinarischen Unterschied aus. An ausgewählten Tagen im Hochsommer werden verschiedenste Burger-Kreationen aufgetischt. Wer sein Alpaka-Glück noch verlängern möchte, sollte unbedingt eine geführte Wanderung oder einen kleinen Spaziergang mitmachen. Was kann es Schöneres geben, als die herrliche Landschaft rund um den Wolfgangsee mit einem flauschigen Alpaka zu erkunden?

TIPP
Alpakas mögen es nicht, wenn man sie am Kopf streichelt. Am Hals hingegen sehr gerne.

- Franzls Fischzeit, Schwarzenbach 9, 5360 St. Wolfgang im Salzkammergut, Tel. +43 (61 38) 25 43, www.berau.at/restaurants/franzls-fischzeit
- ÖPNV: Bus 546, Haltestelle St. Wolfgang im Salzkammergut Schwarzenbach

das
Franzl

Archiv der Menschheit

14 Das Memory of Mankind im Hallstatt

Was bleibt von uns und unserer Zeit erhalten, wenn in Hunderten Jahren sämtliche digitalen Daten verschwinden? Diesem Gedankenexperiment geht Martin Kunze mit seinem Projekt Memory of Mankind (MoM) nach und beschäftigt sich mit verschiedenen Theorien und Möglichkeiten, wie Informationen unserer heutigen Zeit haltbar gemacht werden können. Es geht gar nicht darum, Weltuntergangstheorien aufzustellen, sondern Daten für künftige Generationen zu bewahren. Zwar werden im Millisekunden-Takt Fotos, Texte und Videos auf Servern gespeichert, doch diese haben nur eine gewisse Haltbarkeit. Von Experten wird unsere Zeit als eine schwarze Periode in Bezug auf Daten genannt, da kaum mehr Informationen abseits von Rechenzentren existieren.

Dieser Problematik hat sich Martin Kunze angenommen und ist bereits als Archivar der Menschheit bekannt. Tief im Salzbergwerk von Hallstatt, das übrigens das älteste der Welt ist, lagert er Keramiktafeln mit Geschichte und Geschichten ein. Diese kuratiert er gemeinsam mit seinem Team und jeder kann selbst dazu beitragen, etwas für die Zukunft zu hinterlassen. Auf der Website des Projekts kann man Informationen bereitstellen, die dann entweder unter dem Namen des Einreichenden oder anonym auf Tafeln gedruckt und eingebrannt werden und dann Teil des Archivs werden. Gerade kulturelle Begebenheiten wie Brauchtum, Tradition und Geschichte im ganz Kleinen sollen im MoM aufgenommen und somit konserviert werden. Die großen Fakten und Zahlen sind zwar in Staatsarchiven gespeichert, aber diese Kleinigkeiten, die das Leben im 21. Jahrhundert ausmachen, finden dort keinen Platz. Wer das Archiv selbst besuchen möchte, sollte sich vorab anmelden.

TIPP

Wer mehr über das MoM erfahren möchte, tut dies bei „No Kangaroos – Der Österreich Podcast"!

Martin Kunzes Vorlage sind die Tafeln mit Keilschrift aus vergangenen Zeiten. Diese sind ein robustes Medium und geben uns heute wertvolle Einblicke in den Alltag vor über 5000 Jahren. Er hat damit die ambitionierteste Zeitkapsel der Welt geschaffen. Da kann man sich überlegen, welchen Teil seines Lebens oder welche Geschichte man im Archiv der Menschheit selbst verewigen würde.

- Memory of Mankind in den Salzwelten Hallstatt, Salzbergstraße 21, 4830 Hallstatt, Tel. +43 (6 99) 11 16 24 81, www.memory-of-mankind.com/de
- ÖPNV: Bus 543, Haltestelle Hallstatt Lahn (Seelände)

Blumiges Frühstücksglück

15

Kathis Blumencafé in Faistenau

Brennnesseln zum Frühstück oder gar in den Kuchen? Darf es so was überhaupt geben? Ein ganz klares Ja kommt an dieser Stelle von Kathi Klaushofer, die ihr Blumencafé vor einigen Jahren im salzburgerischen Faistenau gegründet hat. Damit hat sie sich ihren eigenen Glücksort am Hof ihrer Eltern geschaffen und teilt ihr Glück in Form von süßen Kreationen und köstlichen Frühstückskombinationen. Die gelernte Köchin und Konditorin erfindet in ihrer Küche neue Rezepturen und bringt heimische Zutaten ins Spiel. Diese wachsen zum Teil im eigenen Kräutergarten, auf dem eigenen Bauernhof oder kommen aus den umliegenden Tälern. Dabei vertraut sie nicht nur auf Klassiker wie Heumilch oder Hollunder, sondern versucht sich auch mit Kardamom, Karotten oder Brennnesseln in ihren Torten und Törtchen.

„Das normale Zeugs gibt es eh überall", ist Kathis Credo und so findet sich in der Vitrine in ihrem Café auch eine Torte mit Sägespänen. Da stellt sich die Frage: Wie verdaulich ist Holz denn eigentlich? Bis das Rezept dann final stand, hat sie einiges ausprobiert, um den harzigen Holzgeschmack in ihre Nusstorte zu bringen. Keine Sorge, es sind keine groben Späne, sondern ganz fein geriebene, die dann gesiebt werden. Es ist also vielmehr Holzstaub als einzelne Sägespäne, die Kathi verarbeitet. Der Geschmackstest gibt ihr recht, denn so etwas hat man noch nicht probiert! Wer sich nicht an die Sägespäne herantraut, der wird wahrscheinlich zur Mango-Koriander- oder Orange-Sanddorn-Torte greifen – und mit jedem Bissen eine Portion Glück zu sich nehmen.

TIPP

Direkt im Hofladen gibt's frische Erzeugnisse zum Mitnehmen. Klarer Favorit: Kaspressknödel!

Wahrlich zauberhaft ist der eigene Kräutergarten, der in der wärmeren Jahreszeit zum Verweilen und Erkunden einlädt. Inmitten von Pflanzen, summenden Bienchen und dem sanften Geplätscher eines kleinen Wasserfalls gibt es ausreichend Sitzmöglichkeiten, um den Tag mit frischem Brennnesselbrot, herzhaftem Käse und einer Tasse selbst gemachtem Kräutertee zu starten. Was will Herz denn mehr?

● Kathis Blumencafé, Tiefbrunnaustraße 17, 5324 Faistenau, Tel. +43 (6 50) 9 24 55 59, www.kathis-blumencafe.com

Was für ein (Schaf-)Leben

16

Seegut Eisl mit 24-Stunden-Hofladen in Abersee

„Auf der Suche nach einem Glücksort?" Mit einem Schmunzeln sieht Sepp Eisl hoch und fährt sogleich fort: „Ich weiß ned, ob das hier für Menschen einer ist. Aber für unsere Schafe auf jeden Fall. Einen echten Schaf-Glücksort haben wir hier geschaffen." Seit 1490 ist der Hof hier in Abersee am Wolfgangsee bereits in Familienbesitz. Um das in einen geschichtlichen und historischen Kontext zu bringen: Im selben Jahr malte Leonardo da Vinci die „Dame mit dem Hermelin" und erst zwei Jahre später „entdeckte" Christoph Kolumbus Amerika.

Dass die Familie Eisl auf Schafe kam, war zunächst eher einem Unglück zugeschrieben. Als Sepp Eisl siebzehn Jahre war, lebten dort zehn bis zwölf Kühe am Hof. Aufgrund von Regulatorien und dem Milchkontingent wurde dies jedoch zunehmend unattraktiver. So sah er sich nach Alternativen um und war offen, alles Mögliche auszuprobieren: Von Chinchillas über Austernpilze kam er dann auf Milchschafe. Dieser Gedanke ließ ihn nicht mehr los. Zwei Schafe und neun Lamperln, also Lämmchen, zogen dann bei ihm ein. Die Nachbarn schüttelten damals nur die Köpfe. Heute lacht er darüber und sagt stolz: „Wennst der Dorfspinner bist, hast Narrenfreiheit." Viel Wahrheit und Lebensglück steckt in dieser Aussage und jede und jeder kann und sollte etwas von dieser Narrenfreiheit für den Alltag mitnehmen.

TIPP

Der mit Honig gesüßte Schafkäse aus dem Hofladen löst womöglich Glücksgefühle aus.

Über die Jahre wurden aus den wenigen Schafen dann mehr und mehr. Auf der Weide sind sie fürs Rasenmähen zuständig. Praktisch, da sie auch keinen Lärm machen und sich in die sanfte Landschaft rund um den Wolfgangsee einpassen, als wären sie schon immer hier gewesen. Wofür der Name Eisl heute steht und in der Region bekannt ist, ist das Schafmilch-Eis. Um die dreißig Sorten gibt es bereits und keine davon ist 08/15: „Gesalzener Dachstein" ist eine Kreation mit weißer Schokolade, Cranberries und gesalzenen Erdnüssen. Eis, Käse und Bioprodukte von glücklichen Schafen und anderen Tieren gibt's im 24-Stunden-Selbstbedienungs-Hofladen direkt vor Ort.

Seegut Eisl, Farchen 24, 5342 Abersee, Tel. +43 (62 27) 32 34, www.seegut-eisl.at

Schafkäse
honigsüß
150g

Reise in die Steinzeit

17 Pfahlbau am Attersee

Kann eine Reise in die Vergangenheit auch mit Glücksmomenten verbunden sein? Der Verein Pfahlbau am Attersee hat sich einer längst vergangenen Zeit verschrieben – nämlich der Steinzeit. Die einstigen Bewohner des Attersees waren Pfahlbauer, die vor gut 6000 Jahren hier in Pfahlbauten an den Ufern des Sees gelebt haben. Ein einfaches Leben hatten die Menschen damals nicht, denn schon im jungen Alter mussten alle mithelfen. Es gab keine Schule und keine richtige Kindheit, dennoch gab es bereits ein gutes Wissen über Dinge wie Gesundheit und Pflanzen. Insbesondere wie diese kultiviert werden. Dank Lein oder auch Flachs genannt, konnten sie Leinenkleider herstellen. Die Pfahlbauten standen damals an den Ufern des Attersees, der heute mindestens 50 Zentimeter tiefer liegt. Der größte Binnensee Österreichs hat damals wie heute Trinkwasserqualität und das zog die Menschen an, hier zu leben.

Wer sich auf die Spuren des Pfahlbaus am Attersee begeben möchte, kann dies auf eigene Faust tun oder sich den abwechslungsreichen Führungen des Vereins anschließen. Diese stehen unter dem Motto Experimental-Archäologie und ganz besonders sind die, die mit einer Schiffsfahrt kombiniert werden. Die Reise startet dabei im Ort Attersee am Attersee beim Landungsplatz. Gemeinsam geht man dann auf das Linienschiff, wo die Eckdaten der damaligen Zeit vermittelt werden. Für Kinder wie für Erwachsene sind die Inhalte so aufbereitet, dass jeder etwas für sich mitnimmt. Am Weg nach Seewalchen am Attersee unbedingt oben am offenen Deck des Schiffs sitzen, um die Landschaft und die Weiten des Sees zu genießen und zu begreifen.

Der Info-Pavillon Abenteuer Pfahlbau direkt an der Ager-Brücke führt die Steinzeit-Interessierten auf eine Zeitreise und schildert eindrucksvoll, wie das Leben damals am Attersee so aussah. Der Verein organisiert neben den Touren auch regelmäßig Veranstaltungen. Zu den Highlights zählt mit Sicherheit die jährliche Einbaum-Regatta, bei der sich verschiedene Teams zu Wasser matchen.

- Abenteuer Pfahlbau – Info-Pavillon, Attersee Straße 25, 4863 Seewalchen am Attersee, Tel. +43 (6 60) 4 93 97 29, www.pfahlbau.at
- ÖPNV: Bus 561, 565, Haltestelle Seewalchen/Attersee Agerbrücke; verschiedene Regionalzüge, Haltestelle Kammer-Schörfling Bahnhof

Vom Traubensaft zum Wein

18 Der Weinhügel direkt am Wolfgangsee

Mit Weinen verbindet man in Österreich meist andere Regionen und würde dabei auf das Salzkammergut wohl eher nicht kommen. Dass am Wolfgangsee jedoch 600 Rebstöcke am nordwestlichen Ufer stehen, wissen die wenigsten. Ein kleiner Geheimtipp, der sich auf jeden Fall als Glücksort entpuppt. Tatsächlich wurde in der Vergangenheit im Salzkammergut Wein angebaut, aber das schon sehr lange nicht mehr. Auf einem Hügel des Grundstücks des Hotel Hollwegers wollen Gerda und Lisa Hollweger diese Tradition wieder aufleben lassen. Auf rund 2500 Quadratmetern hat das Mutter-Tochter-Gespann 600 Weinstöcke angepflanzt. Die Idee keimte bei Lisa Hollweger schon länger. Nach einem Praktikum auf einem Weingut im steirischen Gamlitz absolvierte sie auch ihre Sommelierausbildung. Darauf ließ sie der Wein nicht mehr los und sie veranlasste Bodenproben des kleinen Hanges zu Hause in St. Gilgen. Die Expertenmeinung lautete: Hier am lehmigen Boden sollte guter Wein gedeihen! Seit 2019 stehen nun 400 Weinstöcke der Weißweinsorte Muscaris und 200 Rotweinstöcke Cabernet Jura am Wolfgangsee. Regelmäßig statten die steirischen Experten dem Wein im Salzkammergut Besuche ab, um den Fortschritt zu beobachten und den beiden Jungwinzerinnen Tipps zu geben.
Ziel des eigenen Weinbergs und seiner Erzeugnisse ist es jedoch nicht, massenweise Flaschen abzufüllen, sondern ein ganz anderes: Es soll zeigen, was alles möglich ist und wie nachhaltiger Weinbau gelingen kann. Rund um die sich hoch und höher rankenden Reben wurden ganz bewusst verschiedene Obstbäume gepflanzt und Sitzbänke zum Verweilen aufgestellt. Gäste des Hotels können durch die Reihen schlendern und die köstlichen Trauben naschen. Wanderwege führen auch direkt am Weinhügel vorbei und lassen einen Blick in das Reich Trauben zu. Wer Wein anbaut, braucht auch Zeit. Denn bis die erste Weinlese stattfindet, vergehen ein paar Jahre und dann können die Tropfen aus dem Weingut Hollweger in Form von Wein verköstigt werden.

● Hotel Hollweger, Mondsee Bundesstraße 2, 5340 St. Gilgen, Tel. +43 (62 27) 22 26
www.hotel-wolfgangsee.at

Tradition ist Tradition

19 Das Hand.Werk.Haus Salzkammergut

Bad Goisern ist ein entzückendes Platzerl im Salzkammergut und bei einem Spaziergang kommt man fast zwangsläufig am Schloss Neuwildenstein vorbei. Ursprünglich war es ein Försterhaus und beheimatet heute im hinteren Trakt das Hand.Werk.Haus Salzkammergut. Handwerk und die Fähigkeiten, die damit verbunden sind, und eben auch das Wissen, haben eine harte Zeit hinter sich. Dank Initiativen wie dieser hier im inneren Salzkammergut werden jungen und erfahrenen Handwerkern Platz und Bühne geboten. Als Zentrum für handwerkliche Gegenwartskultur sieht sich der Verein verpflichtet, Handwerk in und aus der Region zu bewahren. Denn wo die Erinnerung an etwas schwindet, schwindet auch die Identität. Und dass diese im Salzkammergut großgeschrieben wird und man darauf stolz ist und auch stolz darauf sein kann, weiß jeder, der hier unterwegs ist.

TIPP
In der gut sortierten Boutique im Erdgeschoss sind auch so manche Schätze zu finden.

Das Projekt Hand.Werk.Haus soll auch vor allem Mut machen: Das kulturelle Wissen der Region muss erhalten und weitergegeben werden, sodass es aus der Vergangenheit in die Gegenwart und somit in die Zukunft getragen wird. Diese manuelle Intelligenz wird von mittlerweile rund dreißig Vereinsmitgliedern bewahrt. Gestartet haben sie mit nur zwölf Handwerkern im Mai 2009, als die Landesausstellung als Initialzündung fungierte.

Das Hand.Werk.Haus sieht sich selbst nicht als Museum, sondern als erweitertes Schaufenster. Denn viele haben nicht die Möglichkeit ihre Werke öffentlichkeitswirksam zu präsentieren, aber hier im dreistöckigen Schloss Neuwildenstein Platz und Raum. Das Handwerk, das man hier antreffen kann, ist vielseitig, wie auch das Salzkammergut selbst. Es finden sich Braumeister, Fleischer, Kaffeeröster, Bäcker, Konditoren, Steinmetze, aber auch Schuster, Kleidermacher, Buchdrucker und viele, viele mehr. Bei einem Rundgang durch die oberen beiden Stockwerke taucht man tief ein und erkennt, was Handwerk alles umfasst und bedeutet und welche Glücksgefühle damit verbunden sind.

- Hand.Werk.Haus Salzkammergut, Schloss Neuwildenstein, Rudolf-von-Alt-Weg 6, 4822 Bad Goisern am Hallstättersee, Tel. +43 (61 35) 5 08 00, www.handwerkhaus.at
- ÖPNV: verschiedene Regionalzüge, Haltestelle Bad Goisern

VALA
VIER
META
Sprecher
MUSIKER,
SATZ
neben

Facettenreich – Alpenreich

20 NaturErlebnisZentrum Alpengarten in Bad Aussee

Stundenlang könnte man durch den Alpengarten etwas außerhalb von Bad Aussee schlendern. Stundenlang könnte man die einzelnen Blumen, Blüten, Stauden, Bäume und Gewächse beobachten und sich in den Details verlieren. Stundenlang könnte man hier verweilen, den Alltag am Eingang zurücklassen und dem ruhigen Plätschern des Wassers lauschen und einfach mal im Hier und Jetzt sein. Und das zu jeder Jahreszeit – auch wenn Schnee den Alpengarten in ein verzaubertes Reich verwandelt.

Als Gründungsmitglied wird eine Nordmann-Tanne angegeben. Wenn eine Geschichte so beginnt, dann kann sie nur eine Gute sein. 1913 begründete ein evangelischer Pastor den Alpengarten – gemeinsam mit der eben genannten Tanne. Sogar während der harten Jahre des Krieges wurde dieses Fleckchen stets versorgt und umsorgt. Heute sind neben der Nordmann-Tanne über 2000 verschiedene Pflanzen aus den unterschiedlichsten Himmelsrichtungen hier im Alpengarten vertreten. Die Gesamtfläche beträgt rund 1,2 Hektar, wobei lediglich 8000 Quadratmeter intensiv gehegt werden. Die beiden Biologen, die sich tagtäglich um das Wohl der Pflanzen kümmern, haben unter ihnen auch so ihre Lieblinge und nicht ganz so lieb gewonnene Gewächse. Mit einem Schmunzeln werden einige der heimischen Pflanzen als zickig bezeichnet – denn leicht hat man es mit ihnen nicht. Umso schöner, wenn die Flora aus anderen Erdteilen sich anpasst und gedeiht.

TIPP

Wer mehr über den Alpengarten erfahren möchte, tut dies bei „No Kangaroos – Der Österreich Podcast"!

Ganz besonders magisch ist es im Alpengarten, wenn der Frühling ins Haus steht oder ganz früh morgens im Sommer. Dann kann man den Pflanzen beim Aufwachen zusehen und die Lichtspiele der aufgehenden Sonne durch die Blätter der Bäume beobachten. Eine Ecke im grünen Reich ist den Minzen gewidmet: Dort wird herumexperimentiert und es werden verschiedenste Sorten des erfrischenden Gewächs gezüchtet: von Erdbeer-Minzen über solche, die nach Banane schmecken und riechen, bis hin zu Ananas-Minze und Grapefruit-Minze.

● NaturErlebnisZentrum Alpengarten, Ischlbergstraße 67, 8990 Bad Aussee, Tel. +43 (6 76) 83 62 25 43, www.badaussee.at/alpengarten
● ÖPNV: Bus 952, Haltestelle Bad Aussee Alpengarten

Im Reich der Huskys

21 Die Huskys aus Ebensee

„Voraus!" Mit diesem Befehl setzt sich der Schlitten unter den Füßen zunächst etwas ruckartig in Bewegung. Sobald die ersten Meter geschafft sind, setzen Ruhe und Gleichmäßigkeit in der Fortbewegung ein. Acht Pfoten traben einige Meter weiter vorne über den knisternden Schnee. Im Hintergrund eine Winterlandschaft, wie man sie sich nur wünschen kann: ein Talkessel gesäumt mit schneebedeckten Wäldern und einem zugefrorenen See im Herzen. Also bereits ein kleines Paradies für sich. Aber es wird noch besser! Am südlichsten Zipfel des Traunsees nach Bad Ischl liegt der Offensee. Dieser verwandelt sich im Winter in einen Glücksort für die Huskys von Christa und Bernd Spiessberger. Bei ausreichend guter Schneelage und niedrigen Temperaturen bieten die beiden hier Schlittenfahrten an.

TIPP

Auch im Sommer können Wanderungen mit den Huskys unternommen werden.

Nach einer kurzen Einführung am Schlitten, der um einiges leichter ist, als man sich vorzustellen vermag, geht es auch schon los: Zwei aufgeregte Huskys werden vor einen Schlitten gespannt und ehe man es sich versieht, gleitet man über den Weg im Schnee. Die Hunde freuen sich über anspornende und motivierende Worte der Schlittenlenker und laufen begeistert ihre Runde. Der kühle Wind im Gesicht, die Ruhe des Ortes und das gleichmäßige Tempo, das von den Huskys vorgegeben wird, machen dieses Erlebnis zu etwas, das man wohl so schnell nicht mehr vergisst. Nach der Action im Schnee geht es zurück zur Husky Ranch, wo Christa und Bernd Spiessberger mit ihren 28 Hunden leben. Begonnen hat ihre Leidenschaft zu diesen Tieren durch Zufall, als Bernd mit seinem Sohn in Alaska unterwegs war und sie dabei einem Husky immer wieder begegnet sind. Kurze Zeit später zog der Husky Nanook aus Osnabrück bei ihnen ein. Ein Jahr später kam dann ein zweiter Husky dazu. Dass sie heute ihre Verbundenheit zu den Tieren so ausleben und zu ihrem Beruf machen konnten, hätten sie sich nicht erträumen können. Und wir können uns glücklich schätzen, dass sie ihre Leidenschaft teilen.

- Huskytraum, Steinkogelstraße 27, 4802 Ebensee, Tel. +43 (6 76) 7 22 97 16 www.huskytraum.at
- ÖPNV: verschiedene Regionalzüge, Haltestelle Steinkogel Bahnhof

Definition von Auszeit

22 G'sund und Natur Hotel Die Wasnerin

Runterkommen. Sich eine Auszeit gönnen. Zeit für sich gewinnen. Für sich selbst sorgen und sich umsorgen lassen. Dafür steht das Hotel „Die Wasnerin" im steirischen Bad Aussee. Wer hierher kommt, wird diesen wunderbaren Ort nicht mehr verlassen wollen. Hier wird Auszeit gelebt und zelebriert. Denn wozu die Hektik des Alltags mit in den Urlaub nehmen, wenn es auch anders geht? „Die Wasnerin" ist das führende Literaturhotel in Österreich und bietet seinen Gästen eine gut sortierte Bibliothek, wo sich für jeden Geschmack die passende Lektüre findet. Ganz nach dem Motto: „Der Mensch braucht Orte, wo die Literatur zuhause ist." Mehr als 1500 Bücher warten nur darauf, entdeckt, erkundet und gelesen zu werden. Regelmäßig finden Lesungen namhafter Schriftsteller im Haus statt. So wird die Auszeit in Bad Aussee durch literarische Momente und hoffentlich neue Lieblingsbücher bereichert.

TIPP

Wer auf der Suche nach einer echten Auszeit ist, findet diese in der Wasnerin.

Und was gehört neben Büchern noch zu einer gelungenen Auszeit? Einerseits eine abwechslungsreiche Kulinarik, andererseits ein großzügiger Wellnessbereich – und womöglich ein Hauch an Überraschungen. All das findet man in der Wasnerin: So sind jedes Häppchen und jeder Schluck genauestens aufeinander abgestimmt und lassen die Geschmacksrezeptoren Walzer tanzen. Abschalten gelingt in einer der Saunen, im Outdoor-Schwimmbecken, bei einer gemütlichen Siesta im Ruheraum mit Blick auf die sanfte Landschaft oder im hoteleigenen Spa mit Namen „Der Nabel". Was den Punkt Überraschungen betrifft: Täglich werden im Rahmen des Aktivprogramms verschiedene Aktivitäten angeboten, denen man sich anschließen kann. Während man im Winter Schneeschuh-Wanderungen auf eine der umliegenden Almen gemeinsam mit Wanderführern unternehmen kann oder sich einer mystischen Fackelwanderung entlang des Ödensees anschließt, stehen im Sommer natürlich andere Erlebnisse im Vordergrund. Wie wäre es mit einem morgendlichen Spaziergang zum Alpengarten mit anschließendem Frühstück inmitten der Bergflora?

- Die Wasnerin, Sommersbergseestraße 19, 8990 Bad Aussee, Tel. +43 (36 22) 5 21 08, www.diewasnerin.at
- ÖPNV: ab Bahnhof Bad Aussee Abholung direkt im Hotel vorab vereinbaren

ZSTÜCK.DIE BAR

Keramikschätze

23 Die bunte Welt der Gmundner Keramik

Schenkt man der Statistik Glauben, so befindet sich in jedem zweiten Haushalt in Österreich zumindest ein Stück Gmundner Keramik. Das Geschirr aus der Manufaktur im Salzkammergut ist Kult(ur) – und erlebt wieder ein Revival. Ein Grund mehr, sich nach Gmunden aufzumachen und mehr über die Geschichte und die Geschichten der beliebten Keramik zu erfahren. Bei einer Führung durch die Manufaktur gewinnt man Einblicke hinter die Kulissen und taucht in die faszinierende Kunst des Handwerks der Keramik ein. Sie wurde übrigens 1492 zum ersten Mal urkundlich erwähnt und wuchs und wuchs in den darauffolgenden Jahren zu dem Traditionsunternehmen, das wir heute kennen und schätzen. Heute werken, schaffen und gestalten über hundert Mitarbeiter die Tischkeramik von Hand her. Dabei werden sämtliche Arbeitsschritte direkt in Gmunden verrichtet – von der Erstellung der einzelnen Formen bis zum Brennen der Keramik weiter zur Dekoration. Apropos Dekor: Dieser wird nach wie vor von Hand gemalt. Bei einer Jahresproduktion von mehr als einer halben Million Stücken eine beachtliche Leistung. Die unterschiedlichen Designs sind im Aufwand sehr verschieden und so zählt das Jagd-Design zu den aufwändigsten unter ihnen. Ein Fun Fact am Rande: Die Blümchen, die das Streublumendekor ausmachen, haben alle einen eigenen Namen.

TIPP

Im Atelier-Café nach der Führung Kaffee und Kuchen genießen.

In einem ruhigen Winkel der Produktion findet sich die Arbeitsstätte von vier Frauen, deren Handwerk von der UNESCO 2021 als immaterielles Kulturerbe im Bereich Bräuche, Wissen und Handwerkstechniken aufgenommen wurde. Die Flammerinnen verzieren Teller, Schüsseln, Eierbecher und auch Bierkrüge mit den für die Gmundner Keramik bekannten Mustern. Das Handwerk des Flammens beschreibt das Dekorieren von Keramiken mit einer bestimmten Farbe in einem bestimmten Muster. Bei VIP-Führungen darf man sich auch selbst an einem Stück versuchen und kreiert so ein selbst gemachtes Unikat, das einen noch lange Zeit an diesen Besuch erinnern wird.

- Gmundner Keramik, Keramikstraße 24, 4810 Gmunden, Tel. +43 (76 12) 7 86 10 www.gmundner.at
- ÖPNV: diverse Busse und Traunseetram, Haltestelle Gmunden Keramik

Sonnenaufgang am See

24

Die Sitzbankerl beim Strandbad Untersee

Komplett ruhig liegt er da. Komplett ruhig ist es um einen herum. Und noch ist es recht dunkel. Der Hallstättersee ist spiegelglatt und wie es scheint, schläft die Welt drumherum auch noch. Am nördlichen Ende, dort, wo sich das Strandbad Untersee befindet, das zu Bad Goisern gehört, steht eine Handvoll Holzbänke. Den Blick gen Süden gerichtet, sieht man von hier aus fast bis zum anderen Ende des Sees. Das malerische Dorf Hallstatt selbst bleibt dem Blick jedoch verborgen. Und hier ist man frühmorgens komplett alleine und kann in Ruhe Kraft tanken und seinen Gedanken nachgehen.

Während der Himmel über dem See noch dunkel ist, bekommt die glatte Oberfläche des Sees Risse. Die Enten beginnen ihre Runden zu ziehen und machen sich auf die Suche nach einem Frühstück. Hin und wieder ist auch ein Schwan mit dabei, der den Tag noch vor dem Sonnenaufgang startet. Am Himmel sind noch vereinzelte Sterne zu sehen und der Mond verabschiedet sich langsam. Die Berge ringsherum sind hoch und steil. Bis hier die Sonne wirklich aufgeht, dauert es seine Zeit. Und während die Luft noch kühl ist und es unklar ist, was der Tag noch bringt, kann man die Füße ins Wasser des Hallstättersees hängen lassen und sich dem Augenblick komplett hingeben.

TIPP

Und wer sich des Morgens schon wagt, beginnt den Tag mit einer Runde schwimmen im See.

Noch bevor die Sonne aufgeht, zeigt sich der Himmel in einem sich stets ändernden Farbenkleid. Schon bald kann man ausmachen, wo genau die Sonne über den Bergkamm klettern wird. In dem Moment, in dem sie die Nacht schlussendlich vertreibt und sich über dem See ausbreitet, kommt ein beflügelndes Gefühl auf. Jetzt bleibt die Wirklichkeit für Bruchteile stehen und die Magie nimmt überhand. Ist dies ein Zeichen, sich etwas zu wünschen oder sich etwas vorzunehmen? Und wenn es nur eine Kleinigkeit ist? Wie wäre es mit dem Wunsch, an diesem Tag vom Glück begleitet zu werden oder jemand anderem ein Bote des Glücks zu sein?

● Bankerl beim Strandbad Untersee, 4823 Bad Goisern am Hallstättersee

Hier summt es

25

Der Bienenhof Attersee

Ein wohlig warmer Duft nach frischem Bienenwachs und Honig empfängt die Gäste beim Betreten des Café Ambrosius, das zum Bienenhof Attersee gehört. Gemütlichkeit und Freundlichkeit werden hier gelebt und laden Besucherinnen und Besucher zum Verweilen ein. Wer auf der Suche nach einer Stärkung oder Erfrischung ist, findet kleine hausgemachte und regionale Schmankerl auf der Speisekarte. Ein Highlight ist die selbst gemachte Honiglimonade, die vor allem an heißen Sommertagen eine willkommene Abkühlung von innen verschafft. Jeden Samstag findet im Café Ambrosius außerdem das Langschläfer-Frühstück statt. Ein kleines Highlight für alle, die gemütlich in den Tag starten und das Zubereiten des Frühstücks jemand anderem überlassen wollen. Ganze vier Stunden kann man sich dem Schlemmen hingeben und das Buffet auskosten. Verschiedene Quiches und der köstliche Topfenauflauf stehen bereit, um verspeist zu werden.

TIPP

Bei den Sternschnuppentagen im Winter gibt's Honigpunsch bei gemütlichem Beisammensein.

Was den Bienenhof Attersee neben dem Café auszeichnet, sind zweierlei Dinge: zum einen der Hofladen. Dort findet man wunderbare Geschenke für sich selbst oder für die Liebsten, zum Beispiel Kerzen aus Bienenwachs, die nicht nur himmlisch duften, sondern auch ein echter Hingucker sind. Übers ganze Jahr verteilt werden diese frisch gegossen und je nach Jahreszeit finden sich neben den Klassikern mit Wabenstruktur auch Engelchen, Weihnachtsbäumchen und Osterhasen in den Regalen. Auch eigene Pflegeprodukte für Körper und Haare, die mit Honig aus der eigenen Produktion verfeinert sind, kann man kaufen. Natürlich darf der Biohonig auch nicht fehlen. Neben Klassikern gibt es immer wieder neue Kreationen wie den Advent-Honig mit Nüssen und Gewürzen oder dem Pfahlbau-Honig mit Akazienhonig und Honigwaben. Mhmm!
Wer noch mehr über Bienen und ihre Lebensweise erfahren möchte, kann zum anderen eigenständig den Bienen-Lehrpfad erkunden, der beim Bienenhof Attersee startet, oder sich einer der Führungen von Imkermeister Michael Ryba anschließen.

- Bienenhof Attersee, Neuhofen 5, 4864 Attersee am Attersee, Tel. +43 (76 66) 2 08 45, www.bienenhofattersee.at
- ÖPNV: Atterseebahn, Haltestelle Attersee Neuhofen (Bienenhof)

BIENENHOF ATTERSEE

Wo aus Holz Kunst wird

26 Die Waldweber aus der Gosau

Wenn ein Handwerk Generationen verbindet und die Leidenschaft am Schaffen erweckt, dann war auf jeden Fall ein Funken Glück im Spiel. Als Jakob Gamsjäger sich während seiner Fachschulzeit mit Holz näher zu beschäftigen begann, faszinierte es ihn so sehr, dass es ihn einfach nicht mehr losließ. Oft es ist so, dass ein Handwerk vom Vater an den Sohn weitergegeben wird und sie so über verschiedene Jahrzehnte unterschiedliche Techniken entwickeln und perfektionieren. Hier war es jedoch genau andersrum: Denn Jakob lehrte seinen Vater Hans alles, was er über das Drechseln in der Fachschule an Wissen vermittelt bekam. Die beiden sind übrigens im Gosautal besser als Tschak und „Der Weise" bekannt.

Das Holz als Material und das Drechseln als Handwerk verbindet die beiden nun umso mehr und diese Leidenschaft lassen sie an der Drehbank aus. Zu Beginn stellten die beiden Schüsseln und Kerzenständer her, die nahezu perfekt gestaltet waren – so wie Tschak es in der Fachschule auch gelernt hatte. Technisch waren diese einwandfrei hergestellt und sie hatten keine Macken oder Fehler. Diese Stücke begeisterten jedoch nicht viele. Einige der perfekten Kreationen liegen nach wie vor unverkauft im Lager und sammeln Staub. Was die beiden dann auf neue Ideen brachte: Wenn perfekt keinen Anklang findet, wie wäre es dann mit nicht-perfekt? Mit authentischen Stücken, die Ecken und Kanten haben? Die ihre Herkunft und ihre natürliche Beschaffenheit widerspiegeln? Inspiriert von diesen Gedanken zogen die beiden dann durch die benachbarten Wälder auf der Suche nach Baumstämmen und Abfällen von Holzarbeiten. Je verkrümmter und je mehr Äste, desto interessanter für das Auge und das Endergebnis. Auf diese Art erschaffen sie einzigartige, rustikale und bewusst nicht-perfekte Holzschalen. Echte Hingucker, die einem beim Anblick ein Schmunzeln ins Gesicht zaubern und an die Waldweber aus der Gosau erinnern. Wer sich eine Schale mit nach Hause nehmen möchte, sollte sich unbedingt vorab anmelden.

TIPP

In der Weihnachtszeit unbedingt die Gosauer Bergweihnacht bei den beiden besuchen.

- Waldweber, Gosau 450, 4824 Gosau, Tel. +43 (6 64) 5 16 09 86
www.derwaldweber.at
- ÖPNV: Bus 542, Haltestelle Pass Gosau Ramsau

Ein Laden voller Schätze

27

Das seegrün im Herzen von Gmunden

In einem der ältesten Gässchen von Gmunden ist eine kleine Schatzkiste versteckt. Julia Balaz-Hecht und Zivana de Kozierowski haben sich in der Traungasse einen Ort geschaffen, an dem man sich ein Stückchen Glück kaufen kann. Geht das denn überhaupt? In ihrem Laden mit dem Namen seegrün finden sich ausgewählte Stücke von Künstlern aus dem Salzkammergut, Österreich und vereinzelt auch darüber hinaus. Seit Sommer 2022 gibt es nun dieses kreative Ladenkonzept, wo man neben Kunst und Handwerk auch Wein, Schmuck, Textilien, Bilder und so manch andere Kleinigkeiten bewundern und für sich zu Hause mitnehmen kann. Von mundgeblasenen Lampen und Vintage-Möbeln, die upgecycelt wurden, über Fotoprints hinter Acrylglas und recycelten Dingen finden sich echte Schätze im seegrün. Massenware hat hier Hausverbot, denn es geht auch anders, wie gekonnt bewiesen wird.

Die beiden Freundinnen und Geschäftspartnerinnen hegten schon einige Zeit den Wunsch nach einem Concept Store in der Innenstadt von Gmunden. Gut Ding braucht Weile und als sie das leer stehende Geschäftslokal in der Traungasse entdeckten, wussten sie, dass sie hier ihr kleines Reich erschaffen würden. Nicht lange überlegten sie, um den passenden Namen für ihr Vorhaben zu finden. Für die beiden beschreibt seegrün nicht nur eine wunderschöne Farbe, sondern ein Lebensgefühl. Nämlich das des Salzkammerguts, das die Elemente Wasser, Natur und Landschaft mit den schönen Dingen des Lebens vereint, die unseren Alltag zauberhafter machen. Neben Regionalität stehen die beiden auch für Nachhaltigkeit und fairen Handel ein. Für die Zukunft haben sie noch große Pläne: So soll das seegrün ein Ort der Vernetzung unter Kunstschaffenden werden, die hier kleine Ausstellungen und Vernissagen veranstalten können. Bei einem Bummel durch die Gassen von Gmunden darf also ein Besuch der kleinen seegrün-Oase nicht fehlen. Glücksgefühle und einzigartige Stücke auf nur 30 Quadratmeter – das ist das seegrün!

- seegrün, Traungasse 12, 4810 Gmunden, Tel. +43 (6 99) 12 17 23 25
www.seegruen.at
- ÖPNV: diverse Busse und Straßenbahnen, Haltestelle Gmunden Rathausplatz

Abenteuer im Wasser

28 Wandern mit der Taucherbrille in der Traun

Wer auf der Suche nach einem kleinen Abenteuer und etwas Adrenalin im Salzkammergut ist, sollte sich ein Eselsohr für diesen Glücksort machen. Der Traunfall in Roitham wurde 2017 zu einem der schönsten Plätze in Oberösterreich auserkoren. Um den Wasserfall zu besichtigen, muss man nicht nass werden. Dennoch gibt es einige, die wagemutig und mit vollster Freude genau das vorhaben. Die Tauschschule Atlantis bietet nicht nur Taucherlebnisse der Sonderklasse, wie eben das Flusstauchen in der Traun, sondern auch weniger Tauchaffinen eine Möglichkeit, das Wasser zu spüren und sich diesem Element hinzugeben. Irgendwie kann man sich das Scuben – oder auch Flussschnorcheln – wie einen Canyoning-Trip vorstellen. Aber doch irgendwie anders. Ausgestattet mit dicken Neoprenanzügen, Flossen, Taucherbrille und Schnorchel geht es nach einer kurzen Einführung in einer Gruppe auch schon los. Das Wasser mag bei der ersten Berührung doch etwas frisch erscheinen, aber sobald der erste Schwall in den Anzug hingeflossen ist, so wird einem schnell warm. In der Traun selbst gibt es so vieles zu entdecken, dass die Temperatur schon bald keine Rolle mehr spielt. Taucherbrille auf, Schnorchel in den Mund und das Gesicht ins Wasser. Die gute Sicht mag den einen oder anderen Newbie-Flussschnorchler erstaunen, denn diese beträgt gut und gerne mehrere Meter und bietet Einblicke in diese ganz andere Welt. Da schwimmen Forellen umher, hin und wieder lässt sich auch ein Hecht blicken. Wer etwas Glück mitbringt, bekommt sogar einen Huchen zu Gesicht. Und mit geduldigen Blicken lassen sich auch Flusskrebse beobachten.

Insgesamt vier verschiedene geführte Flussschnorchel-Touren bietet die Tauchschule von Mai bis Oktober an. Das Highlight bildet die River-Scub-Adventure-Tour, die sich über einen ganzen Tag erstreckt und sogar eine Grillerei inkludiert. Wer allerdings nicht nur schnorcheln möchte, sollte sich die verschiedenen Tauchplätze flussaufwärts in der Traun nicht entgehen lassen.

● Tauchschule Atlantis, Viecht am Traunfall 10a, 4693 Desselbrunn, Tel. +43 (6 76) 4 19 01 06, www.flusstauchen.at/scuben

Wie im Paradies

29

Pâtisserie & Boulangerie La Sonett in Gmunden

Wer durch Gmunden schlendert, kommt zweifelsohne am Graben vorbei. Gegenüber des Stadttheaters befindet sich ein kleiner Platz – eingebettet in der Kurve der Straße. Ein Brunnen macht das Bild perfekt. Tritt man dann durch die Türen der Pâtisserie und Boulangerie La Sonett, ist es so, als hätte man eine kleine Reise nach Frankreich unternommen. Es duftet nach frisch gebackenen Broten und vereinzelt ist sogar eine süßliche Note auszumachen. Egal, in welche Ecke der eigene Blick wandert, überall sind kleine Details zu erkennen, die das Gesamtbild perfektionieren. Alle Farben und Formen sind aufeinander abgestimmt und man hat so das Gefühl, sich in einem Designladen und nicht in einem Kaffeehaus zu befinden. Eine Verwöhnpause, die man sich hier gönnt, ist also nicht nur eine für den Gaumen, sondern für alle Sinne.

TIPP

Die hausgemachten Limonaden sind mit Kräutern aus dem eigenen Garten verfeinert.

Sarah Schubert und Michael Klein haben sich mit La Sonett ihren persönlichen Glücksort erschaffen. Die beiden haben sowohl im In- und Ausland Erfahrungen in der Topgastronomie und Hotellerie gesammelt und sich hier in Gmunden selbst verwirklicht. Eine Wand im hinteren Teil des Cafés wurde übrigens von einem Familienmitglied gestaltet. Man spürt die Hingabe und Leidenschaft, die sie in diesen Ort gesteckt haben und den dieser ausstrahlt. Auf der Speisekarte stehen köstliche Speisen, die immer mal wechseln. Was La Sonett zu einem echten Glücksort macht, ist die All-day-long-Frühstücks-Philosophie. Wenn jemand Lust auf ein hausgemachtes Sauerteigbrot mit Avocado und pochierten Eiern hat, dann ist man hier richtig. Wer Süßes vorzieht, findet in der Vitrine reichlich Auswahl an Eigenkreationen und Interpretationen köstlichster Mehlspeisen. Ein heißer Tipp sind die Madeleines aus Schokoladenteig mit Marillenmarmelade und einer dunklen Schokoladenglasur. Beim schnellen Hinschauen könnte man meinen, es wären Schoko-Muscheln. Geschmacklich erinnern sie an die Sachertorte – nur eben saftiger. Eines steht fest: Einen Glücksort wie das La Sonett sollte es einfach überall geben.

- La Sonett, Am Graben 3, 4810 Gmunden, Tel. +43 (6 76) 6 50 19 93, www.lasonett.at
- ÖPNV: diverse Busse und Straßenbahnen, Haltestelle Gmunden Rathausplatz

Mitten im Mittelpunkt

30 Der geografische Mittelpunkt Österreichs

Kann man den Mittelpunkt eines Landes überhaupt festlegen? Und wenn ja, wie? Gesellschaftlich mag es vielleicht die Hauptstadt sein, aber wie verhält es sich, wenn die Mathematik ins Spiel kommt? Und ist es möglich, dass sich an diesem Ort vielleicht sogar das Glück häuft? Es gibt Dinge – oder eben Orte, da schüttelt man zunächst ungläubig den Kopf und meint, sich verhört zu haben. Was für einen Sinn hat es denn, den Mittelpunkt eines Landes zu bestimmen? Dennoch haben sich gewiefte Menschen mit ebendieser Frage auseinandergesetzt und anhand von verschiedenen Berechnungsmodellen einen Punkt benannt, der die Mitte darstellen soll. Wie es schon vermuten lässt, gibt es mehr als nur einen Weg, diesen zu berechnen und zu ermitteln. In den 1940ern rief eine Zeitschrift ihre Leserschaft auf, den Mittelpunkt Österreichs zu bestimmen. Die Art und Weise, wie dies berechnet werden sollte, wurde offen gelassen. So ergaben sich folgende Möglichkeiten: Man nehme die Eckpunkte, lege ein Rechteck darauf und bilde mit dem Schnittpunkt der Diagonalen den Mittelpunkt Nr. 1 – auch bekannt als Diagonal-Lösung. Die Zipfel-Methode beschreibt, dass die Punkte, die am weitesten voneinander entfernt sind, durch einen Kreis verbunden werden und sich so Mittelpunkt Nr. 2 ergibt. Eine weitere Möglichkeit, nämlich die des Schwerpunkts verrät Mittelpunkt Nr. 3. Bei dieser Berechnung wird die Fläche Österreichs ausgeschnitten und dann auf einem spitzen Gegenstand balanciert. An der Stelle, an der sich Österreich im Gleichgewicht befindet, liegt besagter Mittelpunkt.

Die Bad Ausseer behaupteten daraufhin, dass sich der Mittelpunkt der Republik laut Methode Nr. 1 nur bei ihnen befinden könne. Die Zeitschrift gab ihnen recht. Jahre später wurde im Kurpark der Mittelpunktstein aufgestellt, der den Nabel Österreichs darstellt. Dieser ist auch in der Bronzetafel verewigt, die auf dem Stein angebracht wurde. Ob es wohl Glück bringt, eine Runde um den Mittelpunkt zu drehen oder den Stein gar zu berühren?

- Der geografische Mittelpunkt Österreichs, Kurpark, 8990 Bad Aussee
- ÖPNV: Bus 955, 956, 957, Haltestelle Bad Aussee Postamt

Grüße aus der Urzeit

31 Der Dachstein-Hai am Krippenstein

Was hat ein Hai in einem Buch übers Salzkammergut zu suchen und wie kommt dieser überhaupt dorthin? Fragen über Fragen und doch eine recht simple Antwort: Unternimmt man eine Zeitreise in eine längst vergangene Ära unserer Erde, findet man sich im Salzkammergut am Boden des Urzeitmeers wieder. Und damals lebten hier auch riesengroße Haie – neben anderen Urtieren. Wer also heute am Dachsteinmassiv umherwandert, bewegt sich auf Korallen und Fossilien, die Millionen von Jahren alt sind. Ein echtes „Hai-light" mitten in einem Binnenland wie Österreich!

Der Dachstein Krippenstein ist ein Paradies für aktive Heimaterkunder – im Sommer wie auch im Winter. Unterirdisch gibt's Höhlen aus Eis und mit Bären zu entdecken, und oberirdisch tut sich auch so einiges. Von der Bergstation der Dachstein Krippenstein-Seilbahn aus hat man die Qual der Wahl: Zuerst zur Five-Fingers-Aussichtsplattform mit imposantem Blick ins Tal oder doch Richtung Urzeithai? Keine Sorge, es lässt sich beides ganz einfach kombinieren und der Wanderweg ist der Kategorie einfach zuzuordnen. Die mächtige Haistatue erreicht man innerhalb von 20–30 Minuten entlang des Heilbronner Rundwanderwegs. Während der fantastische Weitblick verlockend ist, so heißt es dennoch Augen auf: Entlang des Weges sind auch heute noch Ablagerungen aus dem Urzeitmeer zu sehen. Wer entdeckt die vielen Fossilien und versteinerten Krustentiere an den Felsen?

Seit den Sommermonaten 2013 wohnt der Dachsteinhai hier oben am Massiv. In einer spektakulären Aktion wurde die Konstruktion mit einem Hubschrauber aus dem Tal herauf gebracht. Angst braucht man vor dem eisernen Fisch übrigens keinesfalls zu haben. Und wer neugierig ist, kann sich in den 8 Meter großen Urzeithai (oder auch Eishai) hineinwagen, denn er ist hohl und über Stufen sogar begehbar. Ein wenig Klettergeschick ist notwendig, um oben aus dem Maul des einstigen Raubtiers aus der prähistorischen Vergangenheit hinauszublicken und die Landschaft von weiter oben aus zu betrachten.

- Dachstein-Hai, Heilbronner Rundwanderweg, Krippenstein Bergbahnen, Dachsteinhöhlenstraße 1, 4831 Obertraun, Tel. +43 (50) 1 40
- ÖPNV: Bus 543, Haltestelle Dachsteinseilbahn Talstation, dann weiter mit der Seilbahn

Eine Jause zum Schmausen

32 Die Mostschenke Hussenbauer in Mondsee

Es gibt da ein Sprichwort: Glück erkennt man nicht mit dem Kopf, sondern mit dem Herzen. Wer bereits in der Mostschenke Hussenbauer im Mondseeland zu Gast war, wird diesen Spruch mit „und mit dem Magen" ergänzen. Denn hier bei Familie Laireiter wird Glück auf dem Teller serviert. Das wunderschöne Bauernhaus ist der perfekte Ort, um den Tag ausklingen zu lassen und sich von köstlicher Hausmannskost verwöhnen zu lassen. Wer in diesen Genuss kommen möchte, sollte dies bei der Planung berücksichtigen. Denn die Mostschenke Hussenbauer ist (leider) nur an drei Tagen geöffnet. Mittwochs, donnerstags und freitags öffnet sie ihre Tore ab 16 Uhr. In der wärmeren Jahreszeit unbedingt draußen auf der großen Terrasse einen Tisch reservieren und das geniale Panorama zwischen Mondsee und Irrsee auf sich wirken lassen. Beeindruckend ist aber nicht nur der Weitblick in die Landschaft, sondern auch die g'miatliche Gaststubn. Rustikal, bodenständig und authentisch taucht man in eine andere Welt ein und kann die Hektik des Alltags draußen am Parkplatz stehen lassen. Die urige Atmosphäre des Hauses ist auch der ideale Ort, um kleinere – oder auch größere – Anlässe zu feiern.

Ein Blick auf die Speisekarte verrät vor allem eines: Speisen aus eigener Produktion, die mit viel Liebe und natürlich auch Können zubereitet werden. Neben Klassikern wie Brettljause oder Bauerntoast mit Schwarzbrot, Speck und Spiegeleiern gibt es auch hausgeräucherte Forellen (im Ganzen). Ein echtes Highlight ist auch der sogenannte Erdäpfelkas. Dieser Aufstrich aus zerdrückten Erdäpfeln, Zwiebeln und Sauerrahm oder Schlagobers ist ein Genuss und nicht überall in Österreich zu finden. Gerade in diesem Teil des Salzkammerguts hat man immer wieder gute Chancen, dass er auf der Karte steht. Und dann sollte man es auch auskosten – oder eben verkosten! Aber was wäre eine Mostschenke ohne Most? Aus der eigenen Produktion gibt es ganzjährig köstlichen Most – auch in Kombination mit Holunder! Unbedingt probieren!

● Mostschenke Hussenbauer, Lackenberg 6, 5310 Mondsee,
Tel. +43 (6 64) 73 70 77 75, www.hussenbauer.at

Was das Herz begehrt

33 d'Hoferin Feinkrämerei in Hof bei Salzburg

Es gibt Läden, da tritt man ein und fühlt sich einfach wohl. Da duftet es gut und man meint schon einmal hier gewesen zu sein – sogar beim ersten Besuch. Einer dieser Läden ist der kleine und charmante Feinkrämerladen d'Hoferin in Hof bei Salzburg. Die beiden Gründerinnen Silvia Ehgartner und Barbara Kernbeis-Schöndorfer haben sich Ende 2018 im Dorfzentrum von Hof in einem entzückenden Laden eingenistet. Ihre persönliche Note und ihre Leidenschaft fürs Detail ist so präsent, dass man sie förmlich spüren kann. Mit einer riesengroßen Hingabe wählen die beiden die Produkte aus, die man hier entdecken und mit nach Hause nehmen kann. So verwandelt sich ein Krämerladen in eine Feinkrämerei.

Es ist ein solcher Ort, an dem man fast alles findet, was man braucht, und noch mehr, was man dann zu brauchen meint – im positivsten Sinne. Denn im kleinen Laden gibt es nicht nur gesunde, gute und köstliche Dinge für den Alltag, sondern auch feine Spezialitäten und ganz besondere Häppchen. Von Reis aus Österreich in Bioqualität über Speck vom Bauern aus der unmittelbaren Umgebung weiter zu handgemachten Nudeln ist für jeden etwas dabei. Silvia und Barbara vertreiben aber nicht nur Produkte von ausgewählten Partnern, sondern sind auch selbst sehr kreativ: Wer hätte denn Lust auf ein Kürbis-Chutney oder einen Zitronensirup getreu Omas Rezept?

Auch wer auf der Suche nach einem passenden Geschenk für die Liebsten ist, wird sich über die gelungene Auswahl an Präsenten von Silvia und Barbara freuen. In den Regalen finden sich Seifen und Badezusätze, Bastelzeug für die Jüngsten und viele tolle Plastikalternativen wie hübsch dekorierte Glasflaschen und Bienenwachstücher. Upcycling wird hier bei d'Hoferin übrigens auch gelebt: So entstehen aus altem Geschirr kreative Etageren für Muffins oder Obst. Da stellt sich die Frage, ob man diese Dinge dann auch tatsächlich verschenken möchte oder doch für sich selbst behält.

- d'Hoferin Feinkrämerei, Dorfstraße 5, 5322 Hof bei Salzburg, Tel. +43 (6 64) 1 23 12 39, www.dhoferin.at
- ÖPNV: Bus 150, 155, 157, 915, Haltestelle Hof Ortsmitte

d'Hoferin
SALBEISIRUP
d'Hoferin
LAVENDEL-SIRUP
MDH: 03.07.2023
d'Hoferin
LAVENDEL-SIRUP
MDH: 03.07.2023
Designer tissue - 4ply
designer-Taschentücher - 4lagig
Mouchoirs designer à 4 plis
Pañuelos de diseño - 4 capas
21,5x22 cm - 8,46"x8,66"
10
www.ppd.de
Designer tissue - 4ply
designer-Taschentücher - 4lagig
Mouchoirs designer à 4 plis
Pañuelos de diseño - 4 capas
21,5x22 cm - 8,46"x8,66"
10
www.ppd.de

Indian Summer Feeling

34 Bergblick vom Brücklein am Altausseersee

Wie bunt kann das Glück denn sein? Wenn sich der Sommer verabschiedet und der Herbst im Ausseerland Einzug hält, gibt es nur eine Antwort: kunterbunt! Das Farbspektrum scheint überzulaufen und man merkt dann, wie wenig es eigentlich braucht, um Energie und auch Glück in den einfachen Dingen zu tanken. Gerade in der Nebensaison und dann an Wochentagen kann man das Farbspektakel meist für sich allein genießen und Ruhe in der Natur und am Wasser finden. Wer das Auto direkt im Ort stehen lässt, wandert dann vorbei am Gemeindeamt, das auch das Literaturmuseum beheimatet, weiter zur Pfarrkirche St. Ägid zu Altaussee, bevor es dann auf dem gemächlichen Wanderweg direkt am Wasser entlanggeht.

Wenn der goldene Sonnenschein über den Bergen hervorlugt, weiß man gar nicht, wo man zuerst hinsehen soll: Die Blätter der Bäume verwandeln sich in die strahlendsten aller Farben und leuchten um die Wette. Der See liegt glatt da und bildet einen natürlichen Spiegel für die umliegenden Berge. Der Tau an den Pflanzen am Wegesrand schimmert und die Vöglein beginnen am Himmel zu patrouillieren. Die Luft ist frisch, aber nicht wirklich kalt. Den Weg zieren bereits einige der bunten Blätter, die schon vom Wind von den Bäumen geweht wurden und nun unter den eigenen Schritten knistern, als erzählten sie eine Geschichte. Den Tag so zu starten und frühmorgens am See einen Spaziergang zu unternehmen, während die Landschaft ein leuchtendes Farbspiel veranstaltet, ist wohl die Definition von Glück, oder? Am hinteren Ende des Sees führt der Pfad kurze Zeit erst einmal nicht mehr direkt am Wasser entlang, bis man zu einem kleinen Brücklein kommt. Von hier aus liegt der gesamte Altausseersee den tüchtigen Spaziergängern zu Füßen und im Hintergrund thront der mächtige Dachstein. Vielleicht auch schon mit einem Schneemäntelchen und bildet einen Kontrast zum noch herrschenden Herbst im Tal. Genau hier zu verweilen, sich eine Pause zu gönnen und die farbenprächtige Umgebung zu genießen, ja, so sollte jeder Tag starten.

● Bergblick vom Brücklein am Altausseersee, 8992 Altaussee

Wandervergnügen

35 Gemütliche Wanderung auf die Zimitzalm

Im Salzkammergut findet man sich immer wieder komplett unerwartet an Orten wieder, die einem noch unbekannt waren, und man sich deshalb berechtigterweise die Frage nach dem Warum stellt. Und die besten Geheimtipps erhält man von denen, die die Region ihre Heimat nennen oder sie mit der Zeit zu dieser gemacht haben. Die gemütliche Wanderung auf die Zimitzalm ist genau so einer Empfehlung entsprungen und sie eignet sich für jeden, der die Umgebung erkunden und abseits der bereits bekannteren Routen unterwegs sein möchte.
Gestartet wird quasi direkt am Grundlsee beim Murbodenhüttl, das den Ausgangspunkt darstellt. Gleich daneben gibt es auch eine Haltestelle und daher ist die Wanderung ideal für all jene, die autofrei unterwegs sind oder es sein wollen. Der Weg führt meist schattig durch den Wald – über Stock und Stein, so wie es in den Alpen eben typisch ist. Der weiche Untergrund gibt sanft bei jedem Schritt nach. Wer den Weg genauer im Auge behält, wird immer wieder Ameisen entdecken, die fleißig Material für ihren Hügel sammeln. Apropos Tiere: Der Wanderweg führt an einer waschechten Bärenhöhle vorbei. Sorgen braucht man sich jedoch keine zu machen, denn es handelt sich nicht etwa um Braun-, Schwarz- oder Grizzlybären, sondern um eine kleine Höhle, die eher einer Krippe oder einem Stall ähnelt. Hier haust unter einem umgefallenen Baumstamm eine Stoffbärenfamilie. Sie scheinen es sich auf einer Miniatur-Holzbank auf einem Bett aus Moos gemütlich gemacht zu haben und grüßen die vorbeikommenden Wandersleut. Danach heißt es, die Augen offen zu halten, denn eine kleine Abzweigung, die zum Zimitzbach hinunterführt, gibt einen wunderbaren Blick auf einen Wasserfall preis. Der Bach braust hinab und gräbt sich dabei immer tiefer in die Felsen, die gemächlich nachgeben und sich sanft aushöhlen lassen. Oben angekommen bei der Seidlhütte auf der Zimitzalm muss man sich entscheiden: einkehren, umdrehen oder die Wanderung über die Schweiberalm verlängern. Alle Optionen lohnen sich!

- Wanderung auf die Zimitzalm, Start: Murbodenhüttl am Grundlsee, 8993 Grundlsee
- ÖPNV: Bus 956, Haltestelle Gößl Ladner

Der Haut etwas Gutes tun

36 Die Ausseer Seifenmanufaktur eing'seift

Das kleine Zentrum von Bad Aussee ist durchaus überschaubar und doch finden sich dort zahlreiche Läden, die einfach entzückend sind und die man gerne betritt. Die Ausseer Seifenmanufaktur darf man mit Sicherheit zu diesen zählen. Direkt an der Hauptstraße gelegen, ist sie eine kleine Oase für Duftliebhaber und alle, die ihrer Haut etwas Gutes tun möchten. Stolze Besitzerin dieses kleinen Ladens ist Ilse Köberl, die seit über zehn Jahren ihre eigenen Seifen herstellt und auch verkauft. Als sie selbst mit Unverträglichkeiten konfrontiert war und nicht mehr weiterwusste, welche Kosmetik oder welches Produkt für sie und ihre Haut passen, hat sie dies einfach selbst in die Hand genommen. Lange Recherchen über Inhaltsstoffe und deren Wirkung festigten sie in ihrem Entschluss, sich ihre gesamte Kosmetik selbst herzustellen. Seitdem übt sie das traditionelle Handwerk der Seifenherstellerin aus und versucht sich auch immer wieder an neuen Kreationen. So verkauft sie in ihrem Laden mittlerweile 25 verschiedene Körperseifen. Besonders beliebt sind die wärmende und reinigende Weihrauchseife und die Ausseerseife mit ätherischer Latschenkiefer, Fichtennadel, Zirbe und Palmarosa – die Kombination sorgt für einen frischen Wald- und Wiesenduft. Haarseifen erfreuen sich ebenfalls immer größerer Beliebtheit, was Ilse Köberl zum Anlass nahm, ihre eigene Haarseife zu entwickeln.
Ihre Seifen stellt sie direkt in einem kleinen Separee in ihrem Laden her und verwendet dafür ausschließlich hochwertige Inhaltsstoffe, die auch biozertifiziert und frei von Palmöl sind. Außerdem sind fast alle Seifen vegan und werden ausschließlich ohne Plastik verpackt und verkauft.
In ihrem Laden finden sich aber nicht nur die gut duftenden Seifen, sondern auch Allerlei für den Alltag und Haushalt. In den Regalen stehen plastikfreie Alternativen für Zahnbürsten und Putzmittel oder auch praktikables Kunsthandwerk wie Seifenschalen aus Keramik aus dem Salzkammergut.

- Seifenmanufaktur eing'seift, Hauptstraße 149, 8990 Bad Aussee, Tel. +43 (6 81) 84 91 39 00, www.eingseift.at
- ÖPNV: Bus 955, 956, 957, Haltestelle Bad Aussee Postamt

eingseift
Ausseer Seife

Schützenswertes Platzerl

37

Das Hochmoor Löckermoos

Manch ein Ort sollte besser ein Geheimnis bleiben. Damit er geschützt ist und geschützt bleibt. Damit er wachsen und sich entfalten kann. Damit ihm Einflüsse von außen nichts anhaben können und er einfach nur sein kann. Ein Ort, der ein Geheimnis bleiben sollte, hat jedoch nichts in einem Buch zu suchen. Denn dann wäre er ja kein Geheimnis mehr. Oder etwa doch? Der Ort, der tatsächlich gehütet werden sollte wie ein Geheimnis, wurde vor einigen Jahren in einer Fernsehsendung als einer der schönsten Orte des Landes präsentiert. Die Rede ist vom Hochmoor Löckermoos. Eine Naturidylle, die ihresgleichen vergeblich sucht, aber keinerlei Vergleiche braucht.

Vom Gosautal aus gibt es zwei Möglichkeiten zum Löckermoos zu gelangen: In gut zwei Stunden ist man zu Fuß von Mittertal beim Hochmoor. Der Tourismusverband organisiert in den Sommermonaten regelmäßig geführte Wanderungen mit Wanderführerin Betty Jehle. Mit einem kleinen Shuttlebus, der auch liebevoll Almtaxi genannt wird, werden die ersten Höhenmeter im Sitzen bis zur Badstub'n Hütte bewältigt. Von hier aus ist es dann ein gemütlicher Spaziergang zum Löckermoos. Wer gemeinsam mit Betty Jehle unterwegs ist, wird in das Geheimnis dieses Kraft- und auch Glücksortes eingeweiht. Über Jahrtausende ist das Hochmoor zu dem herangewachsen, was wir heute besichtigen können: ein Ort, der sein eigenes Leben entwickelt hat. Besondere Vorsicht ist geboten, damit dieses Platzerl auch noch lange so bleibt und geschützt wird. Durch die Moorlandschaft mit Latschen führt ein Holzsteg, der nicht verlassen werden soll. Überall wachsen und gedeihen Pflanzen und Mikroorganismen, die für diesen sensiblen Lebensraum von größter Wichtigkeit sind. Werden sie gestört, kann das Gleichgewicht ins Schwanken geraten. Der beste Ort, um Kraft zu tanken und die Stille zu genießen, ist auf einer der Holzbänke am Löckersee. Geduldige Besucher werden neben Wasserläufern auch blaue Saphirlibellen erspähen können.

TIPP

Auf der Badstub'n Alm die süßen Pofesen probieren.

● Hochmoor Löckermoos, 4825 Gosau
Infos und Wanderungen: www.betty-jehle.at

Ein Traum in Grün

38 Gärtnerei Reischenböck in Altaussee

Wenn eine Gärtnerei seit über hundert Jahren besteht und in der fünften Generation geführt wird, dann könnte man doch behaupten, dass grüne Daumen und das Glück Hand in Hand gehen, oder? Bei Familie Reischenböck und ihrer gemeinsamen Garten-Leidenschaft trifft das sicherlich zu. Das Traditionsunternehmen wurde bereits 1904 gegründet und startete mit einer überschaubaren Fläche von nur 700 Quadratmetern. Über die Jährchen kamen einige dazu und heute wachsen und gedeihen Pflanzen auf gut 10.000 Quadratmetern. Das Wissen um die Sorge und genaue Pflege ihrer grünen Schützlinge wird von Generation zu Generation weitergegeben und weiterentwickelt. Mittlerweile arbeiten sogar Familienmitglieder aus drei Generationen gleichzeitig Hand in Hand in der Gärtnerei und sorgen dafür, dass jeder Wunsch erfüllt wird und ihre Pflanzen ein neues Zuhause bekommen.

TIPP
In Bad Aussee gibt es auch einen kleinen Laden in der Ischlerstraße.

Wer durch die Gärtnerei Reischenböck schlendert, wird unweigerlich das Bedürfnis verspüren, den eigenen Garten, Balkon oder zumindest das Fensterbankerl mit einem floralen Touch zu versehen. In jedem Winkel des Familienbetriebs blüht es in den schönsten Farben und Formen. Die Auswahl ist so groß, dass es schwerfällt, sich tatsächlich für etwas zu entscheiden. Dabei stehen die Familie und ihr Team mit Tipps zur Seite und und alle helfen mit Ratschlägen, dass die passende Pflanze ausgewählt wird – ganz getreu dem Motto: „Denn Gärten sind unsere Leidenschaft".

Von Blumen über Gemüsepflanzen und Kräuter hin zu Sträuchern und Bäumen findet sich in der großen Gärtnerei in Altaussee noch vieles mehr: bunte Blumentöpfe, passende Dekoartikel und so manch nützliches Werkzeug für die Gartenpflege. Auf ihre Eigenproduktion von jährlich Zigtausenden Balkonpflanzen sind sie nicht ohne Grund besonders stolz. Ein farbenfrohes Blumenmeer wartet nur darauf, von Blumenliebenden mit nach Hause genommen zu werden, sich dort prächtig zu entwickeln und gute Laune und Glück zu verbreiten.

- Gärtnerei Reischenböck, Puchen 116, 8992 Altaussee, Tel. +43 (36 22) 711 42
www.reischenboeck.at
- ÖPNV: Bus 955, Haltestelle Altaussee Kesselgrube

Baden und plantschen

39 Das Waldbad Fürberg am Wolfgangsee

Kann es etwas Schöneres geben, als an einem heißen Sommertag draußen in der Natur an einem See zu verweilen, es sich einfach gut gehen zu lassen und sich nach Lust und Laune abzukühlen? Wohl kaum! Das Waldbad Fürberg ist einer der schönsten Plätze am Wolfgangsee dafür. Wenn man sich inmitten einer sanften Brise, frischer Luft und dem beruhigendem Geräusch des Wassers wiederfindet, dann muss es doch ein Glücksort sein. Die idyllische Atmosphäre sorgt für innerliche Ruhe und wie könnte man es besser kombinieren als mit einem guten Buch in Händen?

Das Waldbad Fürberg liegt in einer Bucht, die man durchaus als versteckt bezeichnen könnte. Denn zufällig kommt man hier nicht vorbei, was wohl auch der Tatsache geschuldet ist, dass es um den Wolfgangsee keine Straße gibt, die komplett herumführt. Wanderer und Radfahrer entdecken diesen Ort wohl noch am ehesten. Wer sich sportlich betätigen möchte, sollte sich ein E-Bike oder ein Fahrrad in St. Wolfgang am Wolfgangsee bei Markus Wolf von See-Biker ausleihen. Er kennt die schönsten Strecken in der Region und stattet alle mit dem notwendigen Kartenmaterial für kompliziertere Touren aus. Von seinem Verleih-Laden führt ein Radweg meist direkt entlang des Ufers. Man radelt gemütlich an Strobl, Abersee und St. Gilgen vorbei, bis man nach gemächlichen 21 Kilometern dann das heiß ersehnte Ziel erreicht: das Waldbad Fürberg. Eine Erfrischung gefällig? Dann ab ins kühle Nass. Im Vergleich zu anderen Seen im Salzkammergut ist der Wolfgangsee nicht allzu kalt und erwärmt sich meist recht schnell. Im Sommer erreicht die Wassertemperatur gerne 20 Grad – noch ein Grund mehr genau dorthin zu fahren.

Es gibt auch noch eine Besonderheit dieses vom Wald umgebenden Naturbadeplatzes: Hunde sind erlaubt und herzlich willkommen. So können sich auch die Vierbeiner an heißen Tagen im See abkühlen. Ein echter Glücksort für Wassernixen, Hunde und alle, die im Schatten abschalten möchte.

TIPP

Im Sommer früh kommen, damit man das Lieblingsplatzerl auf der Liegewiese ergattert.

● Waldbad Fürberg, Fürbergstraße 30, 5340 St. Gilgen, Tel. +43 (62 27) 23 85

Holladrio

40 Jodelkurs auf der Gruber Alm in Hintersee

Glück und Musik gehen Hand in Hand. Das wissen wir und am besten spüren wir dies, wenn wir laut und vielleicht auch falsch bei unseren Lieblingsliedern im Auto oder unter der Dusche mitsingen. Musik fördert das Glücksempfinden und die Endorphine sind bei der richtigen Melodie einfach nicht mehr zu stoppen. Eine, die das besser weiß als so manch anderer, ist Anita Biebl. Sie singt, musiziert und lebt ihren Musiktraum. Ihre Leidenschaft hat sie im Jodeln gefunden. Die Fähigkeit, die beliebten Laute und Gesänge mit ihrem Körper zu formen und zu entwickeln, gehen auf ihre Studienzeit in Salzburg zurück. Heute weiß sie, dass für die Freude am Jodeln kein Studium notwendig ist, und hat ihre eigene Schule ins Leben gerufen. Mit ihrer Jodelschule Alpenland gibt sie Crashkurse und weiß aus Erfahrung, dass jeder jodeln kann – wenn er sich denn traut. Ihr Motto lautet: „Jodeln befreit und ist pure Lebensfreude!"

Als elementare Musik- und Tanzpädagogin weiß sie, worauf es ankommt und wie sie ihre Schüler aus der Reserve locken kann. Für Anita Biebl ist das Jodeln weit mehr als nur Tradition. Es steckt in uns allen drinnen und tut unheimlich gut. Bei ihren Jodelkursen ist die erste Übung nicht gleich ein komplexer Jodler, sondern zunächst muss das Instrument – also der eigene Körper – aufgewärmt werden. Mit aktivierenden Atemübungen und lustigem Beatboxen in der Gruppe ist so das erste Eis bereits gebrochen. Je nach Gruppe greift sie dann auf verschiedene Jodler zurück, die gemeinsam erlernt werden. Im Gepäck hat sie ein großes Sammelsurium an verschiedensten Melodien: Von traditionellen über Eigenkreationen weiter zu Jodlern aus anderen Teilen der Welt ist alles dabei. Das Jodeldiplom verleiht sie im Anschluss all jenen, die sich getraut haben, ihrer Stimme freien Lauf zu lassen. Denn es geht keineswegs darum, sich perfektionistisch zu zeigen, wenn doch der Spaß im Vordergrund stehen soll. Denn Jodeln bringt den Körper und die Glückshormone in Schwung.

TIPP

Die Jodelkurse finden an verschiedenen Orten im Salzkammergut wie der Gruber Alm statt.

● Jodelkurs auf der Gruber Alm, 5324 Hintersee, Tel. +43 (6 99) 10 29 59 84, www.anitabiebl.com

Den See zu Füßen

41 Bankerl mit Blick aufs Ochsenkreuz

Rund um den Wolfgangsee gibt es viele schöne Aussichtsplätze und Holzbänke, die dazu einladen, sich niederzusetzen und die Umgebung zu genießen. Einer dieser Orte hat einen ganz besonderen Ausblick zu bieten: die winzige Insel mit dem Ochsenkreuz am nördlichen Ende des Sees. Der Name des Inselchens geht übrigens auf eine Legende zurück: Ein Metzger war einst mit einem seiner Ochsen unterwegs. Bei einem Fluchtversuch sprang das Tier in den See. Keineswegs wollte es der Mann verlieren und ließ es nicht los. Daraufhin fiel er selbst auch ins Wasser und der Ochsen riss ihn mit. Der Metzger konnte nicht schwimmen und hielt sich an seinem Tier fest, das quer durch den See schwamm. Eine gute Stunde zog der Ochse seinen Besitzer durch das Wasser. Der Mann stand Todesängste aus, betete inständig und versprach, dass er bei seiner Rettung das gesamte Gewicht des Tieres in Wachs opfern würde. Schließlich zog der Ochse seinen Besitzer auf die kleine Insel. Wie durch ein Wunder – oder durch Glück – wog sein Tier jedoch nur wenige Pfund. Seitdem ist die einzige Insel im Wolfgangsee im Bundesland Salzburg als Metzgerinsel bekannt. Als Dank für seine Rettung errichtete der Mann das Ochsenkreuz darauf. Leider ist dies nicht erhalten geblieben und heute erinnert lediglich ein Bildstock der Szene der beiden Geschichte. Was für den Metzger damals ein lebensrettender Glücksort war, ist für uns heute ein Glücksort, an dem wir die schimmernden Farben des Wolfgangsees bestaunen können.

Um zu diesem besonderen Aussichtsplatzerl zu gelangen, empfiehlt sich der Wanderweg von St. Gilgen nach St. Wolfgang via der Falkensteinkirche mit kleinem Umweg zum Ochsenkreuz. Direkt oberhalb der Metzgerinsel befindet sich ein Holzbankerl, das einen Blick auf den denkmalgeschützten Bildstock gewährt. Wer lieber nicht wandert, sondern sich gerne am Wasser bewegt, sollte sich mit einem Stand-up-Paddle-Board vom Waldbad Fürberg hierher aufmachen und das kleine Inselchen aus nächster Nähe begutachten.

- Bankerl mit Blick aufs Ochsenkreuz, in der Nähe des Waldbads Fürberg am Wolfgangsee, Fürbergstraße 30, 5340 St. Gilgen

Foodtruck-Genuss

42

Susis Genussplatzl am Irrsee

Man sagt, Liebe geht durch den Magen. Und wo Liebe ist, ist das Glück nicht mehr weit entfernt. Susanne Steininger verfolgt mit ihrem Foodtruck am Irrsee ein gelungenes Konzept: Regionalität, die schmeckt und mit viel Herzblut gewürzt ist. Während die meisten von uns mit Foodtrucks und Streetfood eher städtische Umgebungen und vielleicht auch Asien in Verbindung bringen, beweist Susis Genussplatzl, dass diese Idee keineswegs nur in einem urbanen Setting funktionieren kann. Ganz im Gegenteil sogar: Ihr Glücksort erfreut sich größter Beliebtheit und das spricht sich herum. Nicht nur die Einheimischen sind hier nach getaner Arbeit oder am Wochenende anzutreffen, sondern auch Gäste, die die Region erkunden und mal etwas anderes probieren möchten.

TIPP

Einfach mal den Abend hier verbringen und im Gastgarten den Ausblick auf den Irrsee genießen.

Im Sommer 2021 eröffnete Susi die Tore ihres Foodtrucks – oder besser gesagt, begann sie das Brutzeln und Backen und erfüllte sich den Traum der Selbstständigkeit. Ihre kreative Ader ist in jedem noch so kleinen Winkel ihres Business spürbar und sie lebt für gutes Essen. Die Zutaten dafür kommen so gut wie möglich aus der Region. Sie legt höchsten Stellenwert auf Bioqualität und das schmeckt man auch. Auf der Speisekarte finden sich kreative Interpretationen traditioneller Gerichte. Wie wäre es denn mit einem Burger mit heimischem Fleisch, kombiniert mit Eierschwammerl, Jungzwiebeln und Zwetschken und noch dazu ein flaumiger Serviettenknödel? Mhmm! Wenn einem da das Wasser nicht im Mund zusammenläuft! Susi kann schlecht still sitzen und ihre Macher-Mentalität bringt eben nicht nur kulinarisch Bekanntes an den Irrsee, sondern auch vegetarische und vegane Optionen. Das zeichnet ihr Genussplatzl einfach aus – Genuss für jeden, egal, wie er sich ernährt oder welche Vorlieben er hat. Wer es gerne süß hat, wird sich freuen, dass sich Susi auch in diesem Bereich bestens auskennt und ihre eigenen Backkreationen vor Ort zum Genießen bereithält.

● Susis Genussplatzl, Am Irrsee 36, 4893 Tiefgraben, Tel. +43 (6 60) 9 81 81 85
www.susis-genussplatzl.at

KÜCHE AB
ESKIMO

Wunderschönste Sackgasse

43

Der Kammersee im Ausseerland

Wer in den Bergen – und vor allem in den Alpen – unterwegs ist, wird gelegentlich nicht weiterkommen. Bedingt durch Topografie und wildwüchsige Pflanzen und Bäume. Dass dieses vermeintliche „Anstehen“ und „Nicht-Weiterkommen“ auch durchaus seine Vorteile haben kann, offenbart sich möglicherweise nicht auf den ersten Blick. Genau so ein Platzerl ist auch der Kammersee, der zwar nicht ganz versteckt liegt, doch auch nicht so schnell zu erreichen ist. Diesen See allein bei einem Ausflug anzusteuern, ist ein Ding der Unmöglichkeit. Denn zunächst muss man entlang des Grundlsees bis zum östlichen Ufer. Von dort weg führt ein gemütlicher Weg rauf zum Toplitzsee. Und hier kommt man zu Fuß nicht weiter. Die steilen Felswände machen es unmöglich, selbstständig am Ufer entlangzuwandern. Ein Glück, dass auch hier eine Plätte als Übersteller im Einsatz ist. In regelmäßigen Abständen in der warmen Jahreszeit – meist von Mai bis September – kann man sich auf dem Holzschiffchen mit leise gurgelndem Elektromotor bis ans Ende des Sees bringen lassen. Dabei passiert man zu Wasser – oder eben zu See – auch ein paar Wasserfälle. Auf diese Weise gewinnt man einen Eindruck dieses magischen Wasserkörpers, der – so manchen Legende zufolge – Schätze verborgen hält. Die kleine Anlegestelle am Ende des Toplitzsees ist unscheinbar und gibt noch nicht preis, was sich dahinter verbirgt. Nach wenigen Minuten entlang des Waldweges offenbart sich endlich der kleine Kammersee. Eingebettet in einen Talkessel und umrandet von mächtigen Felswänden und imposanten Bäumen. Irgendetwas Magisches hat dieser Ort an sich. Und glaubt man einer wieder anderen Legende, so sollen ihn Wildfrauen einst als Badewanne genutzt haben. Lässt man den Blick streifen, so entdeckt man eine einladende Holzbank. Von hier aus fällt der Blick direttissima auf einen weiteren Wasserfall. Der Traunurspung, dessen Wasser sich einmal quer durchs Salzkammergut zieht und dann weiter im oberösterreichischen Enns nach 152 Kilometern in die Donau mündet.

TIPP

Wer den Kammersee für sich möchte, kann auch erst die nächste Fahrt auf der Plätte zurück nehmen.

● Kammersee, 8993 Grundlsee

Das Glück im Becher

44 Das DODS – Frozen Wonderland in Bad Ischl

Wer durch die Gässchen und Sträßchen der Kurstadt Bad Ischl schlendert, wird dabei immer wieder von süßen Versuchungen überrascht. So ergeht es einem auch mit dem DODS – Frozen Wonderland am Kreuzplatz. Eingenistet im Erdgeschoss eines wunderschönen alten Hauses inmitten der Altstadt befindet sich ein Paradies für Schleckermäulchen und all diejenigen, die sich an heißen Sommertagen gerne etwas Kühles gönnen. Der kleine Laden ist bekannt für seine außergewöhnlichen und durchaus kreativen Geschmacksrichtungen, die man sonst nur in den hippsten Großstädten vermutet. Hier wird Eis zum Genuss und Eis ist nicht gleich Eis. Denn das, was hier die Gaumen abkühlt, ist nicht etwa klassisches Eis, sondern Frozen Yoghurt, das auch liebevoll Froyo genannt wird. Aber auch hier machen die Eigentümer einen Unterschied zu manch anderen: Denn ihr Joghurt kommt direkt aus der Region und wird aus Biovollmilch und Biojoghurt hergestellt. So schmeckt es gleich viel besser!
Das, was Frozen Yoghurt zu seinem weltweiten Trend verholfen hat, ist das modulare Konzept, das auch hier im DODS zu finden ist. Zunächst wählt man die Größe des Bechers, der dann mit Froyo gefüllt wird – dann kommt das, was einem das Wasser im Mund zusammenlaufen lässt: die Toppings! Die Auswahl ist riesig und lässt tatsächlich keinen Wunsch übrig. Von Kakaobohnen, Bananenchips, Mandeln, Granatapfelkernen über White Crumble, Caramel Sesam und Salzbrezel ist für jeden das passende Topping dabei. Damit ist's aber noch nicht genug, denn dann kommt noch die passende Sauce oben drauf.
So kann man sich nach Lust und Laune seinen perfekten Eistraum zaubern. Apropos zaubern: Das DODS ist doch ein etwas magischer Ort. Denn der Laden wurde inspiriert vom Märchen Aschenputtel eingerichtet. So erinnert der Umriss einer Kürbiskutsche an die Fahrt zum Ball. Dank dieser Atmosphäre wird nicht nur der Appetit angeregt, sondern auch die Fantasie. Und wer weiß schon, welche köstliche Toppings beim nächsten Besuch zum Gaumenglück verhelfen werden!

- DODS – Frozen Wonderland, Kreuzplatz 14, 4820 Bad Ischl, www.dods.at
- ÖPNV: verschiedene Busse und Züge, Haltestelle Busterminal Bad Ischl oder Haltestelle Bahnhof

Frozen Wonderland
Bad Ischl

Im Zwetschkenreich

45 Daueraustellung im Naturpark Attersee-Traunsee

Wer hätte gedacht, dass die Zwetschke ein richtiges Revival erlebt? Und dass es im Naturpark Attersee-Traunsee über 2000 verschiedene Sorten gibt und dies das Alleinstellungsmerkmal eben jenes Naturparks ist? Dass es auch ein Fest gibt, dass diesem Obst verschrieben ist? Dass Zwetschken zu den Rosengewächsen zählen? Das Salzkammergut ist immer wieder gut für Überraschungen und wer so entlang der Ufer der Seen fährt, entdeckt dabei das eine oder andere, was er so nicht erwartet hat. So geschehen am Attersee. Denn hier im Gemeindezentrum in Steinbach am Attersee hat sich eine Dauerausstellung eingenistet, die sich komplett den Zwetschken widmet.

Zwetschken-Kennerin Ursula Asamer lädt regelmäßig neugierige Menschen zu ihren „Rumkugeln im Zwetschkenreich"-Führungen im Rahmen des Naturschauspiel-Programms ein, die meist im Sommer stattfinden. Dabei erzählt sie, wie es kam, dass in der Region Zwetschkenforschungen betrieben wurden, die einzelnen Bäume katalogisiert und viele alte Sorten wiederentdeckt wurden. Im Naturpark gibt es heute die Echte Zwetschke und andere Verwandten wie Kriecherl, Punze und Ziparte. Bei ihren Naturschauspiel-Führungen erklärt Ursula Asamer nicht nur die unterschiedlichen Sorten, sondern gibt auch Tipps, wie man diese weiterverarbeiten kann. Es liegen auch Rezeptekärtchen auf, damit das Nachkochen zu Hause auch wirklich gelingt. Gemeinsam geht's dann noch in den Garten der Pfarre, wo verschiedene Sorten wachsen.

TIPP

Die Zwetschkup-Sauce für Burger und Gegrilltes von der Alpakaria unbedingt mit nach Hause nehmen.

Wer unterm Jahr Lust verspürt, mehr über Zwetschke und Co. zu erfahren, kann sich im Gemeindezentrum die interaktive, multimediale und barrierefreie Dauerausstellung auf eigene Faust und noch dazu kostenlos ansehen. Einmal im Jahr gibt es dann ein echtes Hochfest, das der Zwetschke gewidmet ist. Meist findet es im August statt, wenn bereits die ersten Früchte geerntet und weiterverarbeitet wurden. Auf einer Tafel kann man dabei über 200 verschiedene Sorten von Zwetschken begutachten und einige der Erzeugnisse sogar verkosten.

● Naturpark Attersee-Traunsee Dauerausstellung, Gemeindezentrum, Steinbach 5, 4853 Steinbach am Attersee, Tel. +43 (76 63) 2 01 35
www.naturpark-attersee-traunsee.at

Stöbern macht glücklich

46 Der traditionelle Flohmarkt in Bad Ischl

So ein gemütlicher Spaziergang an einem Samstag mit einem Flohmarkt-Besuch ist schon etwas Besonderes. Dort, wo man beim Suchen und Verhandeln einzigartige Fundstücke entdecken und mit nach Hause nehmen kann, beginnen kleine Alltagsabenteuer. Wenn nämlich am ersten Samstag im Monat in der Fußgängerzone von Bad Ischl Händler und Trödler aus allen Himmelsrichtungen zusammenkommen und voller Energie und Verkaufsgeschick ihre Ware anpreisen, dann kann man sich berechtigterweise aufs Stöbern freuen.

Das, was den traditionellen Flohmarkt in Bad Ischl so einzigartig macht, ist die Tatsache, dass es hier keinen – oder zumindest kaum – Ramsch gibt. Wie jedoch Ramsch zu definieren ist, muss jeder für sich selbst überlegen. Bereits in den frühen Morgenstunden bauen die Händler ihre Stände auf und ab 6 Uhr kann man dann durch die Straßen der Kaiserstadt schlendern. Ganz egal, ob man etwas Bestimmtes sucht, um seine Sammlung zu erweitern oder gar zu vervollständigen oder sich einfach treiben lässt, der Ischler Flohmarkt ist eine echte Schatzkiste. Wer also mit Entdeckergeist am Sparkassenplatz und der Kaiser-Franz-Josef-Straße umherzieht, wird auch regelmäßig ins Staunen kommen. Nicht nur das Setting vor dem alten Post- und Telegraphenamt lässt das Gefühl einer kleinen Zeitreise aufkommen. Auch die Raritäten, Antiquitäten und auch Trödlerwaren, die feilgeboten werden, unterstützen das besondere Flair. Porzellan, Schmuck und Trachten gibt es auch einige zu entdecken. Häufig anzutreffen ist auch ein Stand mit Postkarten aus dem vergangenen Jahrtausend. Wohl Zigtausende alte Ansichten von Städten und Landschaften sind hier meist in Schwarz-weiß auf bereits vergilbten Papier zu finden.

Es sind aber nicht nur die Dinge, die zur Schau gestellt werden, um den Besitzer zu wechseln, sondern auch das Spektakel an sich, das die Reise wert macht, hierher nach Ischl zu fahren. Wo kann man besser sein Verhandlungsgeschick trainieren und von echten Profis lernen als auf einem Flohmarkt?

- Ischler Flohmarkt, Sparkassenplatz, Kaiser-Franz-Josef-Straße, 4820 Bad Ischl
- ÖPNV: verschiedene Busse und Züge, Haltestelle Busterminal Bad Ischl oder Haltestelle Bahnhof

HÔTE

Hier wird Glück gesät

47

Der Mondsäer Gemeinschaftsgarten

Gärtnern macht glücklich. Und gemeinsam gärtnern macht glücklicher. Das haben sich Sylvia Klimesch und Franz Muhr zu Herzen genommen, als sie 2015 beim Thema Gemeinschaftsgärten ins Gespräch kamen. Daraufhin begann auch schon die erste Planung und bei der Gemeinde wurde um ein passendes Plätzchen für ihr Gartenprojekt angesucht. Die beiden konnten damals auch schon zehn Interessenten für ihre Idee gewinnen und so begann im darauffolgenden Sommer der Spatenstich auf der Gmeiner Wiese zwischen Mondsee Ortszentrum und der Seepromenade. Es wurde gemeinsam angepackt und die ersten Hochbeete, Hügelbeete wie auch ein Flachbeet und natürlich ein Kompostplatz entstanden dabei.

Das Gemeinschaftsprojekt wächst wie auch der gemeinsame Garten weiter, der an die 1000 Quadratmeter zählt. Es sind ein wilder Garten, eine bunte Truppe und viele kleine und große Abenteuer, die gemeinsam erlebt, bewältigt und genossen werden. Es geht nicht nur darum, einen Ort zu erschaffen, der Menschen miteinander verbindet und wo sinnstiftende Arbeit geschieht. „Gebrauchswissen" zu erhalten, wie Franz Muhr das Wissen um alte Sorten und die Gartenpflege bezeichnet, gehört auch dazu. In mehr oder weniger regelmäßigen Abständen werden auch Workshops angeboten, wie man zum Beispiel zum Selbstversorger wird und wie man seinen eigenen Gemüsegarten anlegt.

TIPP

Wer gerne die Mondsäer selbst kennenlernen möchte, trifft meist freitags jemanden dort an.

Mittlerweile zählen zwanzig Familien zu den Mondsäern, die hier Gemeinschaft erleben und eine grüne Oase erschaffen haben, die jedem zugänglich ist. Denn der Gemeinschaftsgarten ist kein in sich geschlossenes System, das sich abkapseln möchte. Wer Lust hat, den Garten zu entdecken und hier zu verweilen, ist herzlich eingeladen, dies auch zu tun. Lediglich die Ernte ist den fleißigen Mitgliedern vorbehalten, die hier ihre Freizeit pflanzen, aus der dann Gemüse, Beeren, Blumen und eben auch Freundschaften wachsen. Damit leisten sie nicht nur einen wertvollen Beitrag für sich selbst, sondern auch für unsere Umwelt und das Klima.

● Mondsäer Gemeinschaftsgarten, Eingang zwischen August Strindberg-Straße 2 und 4, 5310 Mondsee, www.gemeinschaftsgarten-mondsee.at

Im Winter hoch hinaus

48 Mit der Schafbergbahn auf den Schafberg

Mächtig thront er über dem Wolfgangsee. Quasi omnipräsent ist er. Und der Ausblick von oben ist einfach genial. Die Rede ist vom Schafberg, der von St. Wolfgang aus ganz bequem auch mit einer einzigartigen Bahn erreichbar ist. Sie fährt zwar nicht das ganze Jahr über und klassischerweise würde man einem heißen Sommertag im Tal damit entfliehen und hoch auf den Berg tuckern, aber auch im Winter kann man sich an ausgewählten Tagen mit der Zahnradbahn hinaufkutschieren lassen. An den Adventwochenenden und auch rund um Silvester und Neujahr gibt es Sonderfahrten der Schafbergbahn. Wann genau diese stattfinden, wird zeitgerecht auf der Website der Bahn kommuniziert. Und wer dabei sein möchte, sollte entweder vorab reservieren oder frühzeitig bei der Talstation die Tickets kaufen, denn die Fahrten erfreuen sich größter Beliebtheit.

Die Fahrt auf den Schafberg startet zunächst in Oberösterreich und überquert dann die Bundesländergrenze zu Salzburg, wo sich auch die Mittelstation und die Bergstation befinden. Während man im Sommer bis ganz oben fahren kann, ist im Winter bei der Mittelstation Schluss. Weihnachtliche Geschichten begleiten einen auf der gut 30-minütigen Fahrt, bei der 4,2 Kilometer zurückgelegt werden. Bei der Schafbergalm, die gleichzeitig die Mittelstation ist, hält dann der weihnachtlich-winterlich dekorierte Zug. Lust auf ein Häferl Punsch oder Glühwein? In der kleinen Hütte direkt neben den Schienen gibt's Heißgetränke und auch Snacks wie Kuchen.

Wer noch nicht genug hat, kann mit dem passenden Schuhwerk und etwas Muskelkraft auch bis ganz nach oben zum Schafberg weitergehen. In gut einer Stunde durch die wunderschöne Winterlandschaft erreicht man dann den Gipfel. Die malerische Umgebung des Salzkammerguts liegt zu Füßen und der Ausblick ist wirklich einmalig: Ein 360-Grad-Blick und elf Seen, die man von hier oben aus erspähen kann. Solch ein Wintertag kann sich im Nu in einen echten Glückstag verwandeln, man muss nur wissen, wo man hinfährt.

- Schafbergbahn Talstation, Markt 35, 5360 St. Wolfgang im Salzkammergut
  www.5schaetze.at/de/schafbergbahn.html
- ÖPNV: Bus 546, Haltestelle St. Wolfgang im Salzkammergut Schafbergbf

Prost miteinand'

49 Gasthof Pöll in Kirchham

Sich kulinarisch verwöhnen lassen, steht bei Familie Pöll im gleichnamigen Gasthof in Kirchham ganz oben auf der Speisekarte. Zufällig kommt man in den kleinen Ort wohl nicht, dennoch lohnt sich ein Abstecher allemal. Kirchham liegt eher am Rande des Salzkammerguts, dort, wo das Alpenvorland beginnt. Wer also auf der Suche nach Seeblick ist, wird hier vergeblich suchen. Was man hier stattdessen findet, ist herzliche Gastfreundschaft, die gelebt wird und eine bodenständige Küche – mit dem gewissen Extra! Da kann man den Seeblick getrost auf ein anderes Mal verschieben.

Großen Wert legt Familie Pöll seit bereits mehr als achtzig Jahren auf regionale Produkte, die zum großen Teil sogar vom eigenen Bauernhof stammen. So finden sich auf der Speisekarte Köstlichkeiten wie ein Carpaccio vom Ochs'n, saftige Schweinsripperl im Churchham Style oder auch hausgemachte Nudeln mit Pesto je nach Jahreszeit. Zum Anstoßen gibt es auch etwas aus der Familienproduktion: Der Churchham Cider wurde von Thomas Pöll gemeinsam mit seinem Geschäftspartner Andreas entwickelt und 2017 auf den Markt gebracht. Ihre Interpretation des Apfelmosts stellen sie im eigenen Presshaus her. Nur die besten Äpfel aus der Region werden dafür verwendet, damit am Ende der Geschmack auch wirklich stimmt. Es geht den beiden nicht nur darum, ein köstliches Getränk herzustellen, sondern auch ihre Heimatverbundenheit und Liebe zu Österreichs beliebtestem Obst widerzuspiegeln. Der Name Churchham Cider mag wirken, als wäre es ein Most aus England, dabei wurde hier geschickt mit der „Verenglischung" des Ortsnamens Kirchham gespielt. Neben den beliebten Cidern Mango-Ingwer und Cranberry-Mate haben die beiden auch Apfelsäfte, Apfeltee sowie eine Most Cuvée im Angebot. Die passenden Cocktailrezepte finden sich entweder auf der Website oder können direkt im Gasthof Pöll genossen werden. Besonders gut schmecken diese an herrlich warmen Sommertagen im gemütlichen Gastgarten!

TIPP

Der Gasthof Pöll liegt am Wanderweg der Hopfenkönig-Tour, die in Gmunden Engelhof startet.

- Gasthof Pöll, Kirchham 33, 4656 Kirchham bei Vorchdorf, Tel. +43 (76 19) 20 06
  www.gasthauspoell.at
- ÖPNV: Traunseetram, Haltestelle Kirchham bei Vorchdorf Ort

Genuss zum Mitnehmen

50 Die Rösslerei in St. Wolfgang am Wolfgangsee

Bereits beim Gedanken an das Romantik Hotel Im Weissen Rössl beginnt die Musik im Kopf zu laufen, man fängt an, im Takt zu wippen, und Peter Alexanders Stimme singt ins innere Ohr: „Im Weissen Rössl am Wolfgangsee, da steht das Glück vor der Tür." Und wenn man seinen Fuß durch die rechte Türe neben dem Hoteleingang setzt, kann man das Glück gleich für zu Hause einpacken. Die Rede ist von der Rösslerei – einem kleinen Laden mit vielen Köstlichkeiten. Er ist auch Teil des Hotels und jeder wird hier herzlich willkommen geheißen. Das Sortiment ist so vielfältig, dass man durchaus eine Weile braucht, um alles zu inspizieren. In den Regalen und Tischchen finden sich hausgemachte Marmeladen, Likörkreationen und sogar eigene Teesorten. Alles ist mit viel Liebe zum Detail arrangiert, dass man das Gefühl hat, in einer kleinen Boutique zu sein. Und je öfter man hinblickt, desto mehr offenbart sich. Wer hätte schon gedacht, dass man hier das hauseigene Peterbräu-Jubiläumsbier findet? Oder die köstlichen Pralinen aus der Rössl-Patisserie von Chef-Patissier Gerhard Spreitzer? Die Vielfalt ist auch hier beinahe grenzenlos: Darf's eine Praline mit Karamell-Passionsfrucht oder doch eher Gianduja oder Gewürzen sein? Ein geschmackliches Highlight ist auch die Rössl-Kugel, die im Mund köstlich knuspert und ein wenig an die Salzburger Mozartkugel erinnert. Neben Köstlichkeiten zum Vernaschen gibt es auch viele Mitbringsel für Zuhausegebliebene – oder für sein Zukunfts-Ich. Wer sein kaufmännisches Talent unter Beweis stellen möchte, sollte sich die Salzkammergut-Edition des beliebten Brettspiels DKT nicht entgehen lassen und mit Freunden eine spielerische Reise durch die Region unternehmen.

Die Rösslerei ist weit mehr als ein Laden, nämlich ein Ort, an dem man sich gerne aufhält und vielleicht auch ein Glaserl Rössl-Spritzer probiert. Die Eigenkreation mit Veilchensirup gibt's übrigens nicht nur hier zu verköstigen, sondern auch in den verschiedenen Restaurants des Hotels. Zum Wohl!

● Rösslerei, Romantik Hotel Im Weissen Rössl, Markt 74,
5360 St. Wolfgang im Salzkammergut, Tel. +43 (61 38) 23 06
www.weissesroessl.at

PKT
PKT

Der Gänse Glück

51 Die Konrad Lorenz Forschungsstelle im Almtal

Biegt man von der Hauptstraße, die durchs Almtal führt, ab und folgt dem nicht asphaltierten Weg, erreicht man die alte Forschungsstelle von Konrad Lorenz. Ruhig und beinahe verlassen wirkend liegt das große Haus am Waldrand. Bei genauerer Betrachtung ist man hier keineswegs alleine. Denn auf der Wiese und dem aufgestauten Bächlein watscheln und schwimmen die Bewohner dieses Ortes umher. Es handelt sich um die anmutig aussehenden Graugänse, die man zur Gattung der Feldgänse zählt. Obwohl man diese nicht überall so einfach zu Gesicht bekommt, gehören sie tatsächlich zu den häufigsten Wasservögeln. Nach der Kanadagans sind sie sogar die zweitgrößte Gänseart in Europa. Was bemerkenswert ist, ist die Tatsache, dass sie die wilden Vorfahren unserer domestizierten Hausgänse sind.

Heute leben in diesem Abschnitt des Almtals rund 120 jener Graugänse und erfreuen sich eines erfüllten Lebens. Ihre Verwandten wurden einst von Konrad Lorenz persönlich hier angesiedelt, der mit 148 Gänsen herzog. Er ist der Begründer der Verhaltensforschung und zog wichtige Schlüsse zwischen dem Verhalten von Menschen und Tiere. Er selbst nannte diese Disziplin Tierpsychologie. Das Spannende an den Graugänsen ist ihr faszinierendes Sozialleben, das mit uns Menschen vergleichbar ist. Auch sie pflegen individuelle Beziehungen zueinander. Die alte Forschungsstelle ist eine offizielle Außenstelle der Universität Wien und fünf fleißige Mitarbeiter sind für die Tätigkeiten hier im Einsatz. Zu ihnen zählen auch viele Freiwillige und Praktikanten aus der ganzen Welt, die ihre Forschung im malerischen Almtal weiterführen. Dass sich die Gänse pudelwohl fühlen, ist ihnen anzusehen. Grundsätzlich sind sie freie Wildtiere, die aber regelmäßig gefüttert werden, um sie zu studieren und zu beobachten. Jede der Graugänse hat einen Namen und ist durch ein ausgeklügeltes System mit bunten Ringen an ihren Beinen erkennbar. Nach Absprache kann die Forschungsstelle besucht werden.

TIPP

Im Cumberland Tierpark sind die Graugänse auch oft zu Gast und können ohne Voranmeldung besucht werden.

● Konrad Lorenz Forschungsstelle, Fischerau 13, 4645 Grünau im Almtal, Tel. +43 (1 42 77) 7 61 90, www.naturschauspiel.at

Ein Ort zum Verweilen

52 Die Ranftlmühle am Grundlsee

Ruhig plätschert es vor sich hin. Das Wasser des Stimitzbachs unterstreicht die malerische Szenerie mit seinem sanften Gegurgel, Gegluckse und Rauschen. In der Nähe und Ferne singen sich die Vögel ihre schönsten Lieder vor. Frühmorgens kann man das Zirpen so mancher Insekten vernehmen und hin und wieder knackst der Wald im Hintergrund. Der Weg ist eingesäumt von Farnen und großblättrigen Pestwurzen und die Steine knirschen wie im Takt unter den eigenen Schritten. Und auf einmal tut sich der Wald auf und gibt eine Lichtung preis. Auf einer Seite steht ein altes Haus. Eine alte Mühle, die nicht mehr in Betrieb ist. Der Platz an der Ranftlmühle ist ein echter Kraftplatz und Glücksort, der zum Verweilen, Ausruhen und Nachdenken einlädt.

Namensgeber war ein Biedermeier-Maler aus Wien, der seine Sommer gerne am Grundlsee verbrachte. Die Ranftlmühle wurde bereits 1850 gebaut und diente Johann Matthias Ranftl als seine eigene Inspirationsquelle. Wieso diesen Gedanken nicht auch heute weiterführen und den Ort am Wasser als solchen für sich gewinnen? Dazu unbedingt die Schuhe ausziehen und vorsichtig ins Nass des Stimitzbachs waten. So eine kleine Abkühlung hat doch auch eine besonders beruhigende Wirkung. Egal, ob man sich von etwas ablenken, einfach den Moment auskosten oder Kraft für die Zukunft tanken möchte.

TIPP
Wer nach einer passenden Lektüre sucht, findet die Mühle im Altausseerkrimi von Herbert Dutzler wieder.

Die Ranftlmühle eignet sich ideal, um sie mit einem Spaziergang von Gössl zum Toplitzsee zu kombinieren. Der direkte Weg führt zwar nicht an ihr vorbei, dafür muss man einen kleinen Schlenker einplanen, der sich aber lohnt und von vielen nicht in Kauf genommen wird. Was dieses Platzerl umso magischer macht, weil man es sogar in der Hochsaison für sich alleine haben kann. Folgt man dem Weg an der Mühle vorbei, führt er über eine kleine Brücke. Direkt dahinter – und mit etwas Klettergeschick verbunden – kommt man wiederum direkt zum Wasser und kann sich auf einem der großen Steine niederlassen.

- Ranftlmühle, 8993 Grundlsee
- ÖPNV: Bus 956, Haltestelle Gößl Siedlung

Reich der Kräuter

53 Der Wildkräutergarten von Elisabeth Strauß

Ankommen. Abschalten. Durchatmen. Sein. Und dabei auch noch etwas lernen. Das kann man im Wildkräutergarten von Elisabeth Strauß spüren und erleben. Ihr Privatgarten ist eine Oase, die die Sinne anregt und eine Verbindung mit der Natur ermöglicht, die sonst kaum möglich ist. Nach Absprache (nicht vergessen: Es ist ja ihr persönlicher und privater grüner Raum, den sie zur Verfügung stellt) und im Rahmen verschiedener Naturschauspiel-Veranstaltungen teilt sie ihr Wissen über Kräuter, Pflanzen und Rituale. Diesen Schatz an Erfahrung hat sie sich über zwanzig Jahre hinweg angeeignet und bereitet dies in Form von Workshops auf, um andere daran teilhaben zu lassen. Dabei nimmt sie einen nicht nur durch ihren Charme und ihre erzählerischen Fähigkeiten mit, sondern packt so ganz nebenbei viele hilfreiche Tipps für das tägliche Leben oben drauf.

Ihren eigenen Garten bezeichnet sie selbst liebevoll als Paradiesgarten, und wer einmal hier war, wird sofort verstehen, dass dies noch eine Untertreibung ist. Auf 650 Metern Seehöhe und ganz weit weg von Stadt, Stress und anderen Menschen lässt sie der Natur beinahe komplett freien Lauf. Und so dürfen sich sogar Schnecken an den wunderschönen Pflanzen bedienen – sie gehören schließlich auch mit dazu.

Die Tage, an denen Elisabeth die Gartenpforten öffnet und Gäste bei sich einlässt, sollte man sich unbedingt im Kalender eintragen. Je nach Zeit im Jahreskreis veranstaltet sie themenbezogene Workshops, die sich unter anderem mit dem alten Brauch des Räucherns beschäftigen. Dabei geht es nicht nur darum, dass man über Herkunft und Bedeutung lernt, sondern man kann sich auch eine eigene Räuchermischung aus den Kräutern in ihrem Garten zusammenstellen und mit nach Hause nehmen. In ihrem kleinen Hofladen im ersten Stock des gemütlichen Landhauses verkauft Elisabeth Strauß eigene Erzeugnisse und auch ihre eigenen Bücher über Kräuter und das Räuchern. Eines steht fest: Wer einmal in Elisabeths Kräutergarten zu Besuch war, wird immer wieder zurückkommen wollen.

● Elisabeths Kräutergarten, Tannachweg 27, 4813 Altmünster,
Tel. +43 (6 64) 8 66 28 61, www.der-kraeuterweg.at

Glückauf

54 Die Salzwelten in Altaussee

Bergleute grüßen sich traditionell mit einem herzlichen „Glückauf". Und auch heute noch wird man in vielen Schaubergwerken mit diesem Worten willkommen geheißen. So auch in den Salzwelten in Altaussee. Etwas außerhalb des Ortes in einer ruhigen Lage umgeben von Wäldern, befindet sich das Besucherzentrum des größten Salzbergwerks Österreichs. Salz spielte vor allem in der Vergangenheit eine wichtige Rolle und ist der Grund dafür, dass die Region überhaupt erst den Namen Salzkammergut bekam. Ein breiter salzhaltiger Streifen zieht sich einmal quer durch die Republik und heute gibt es nur noch wenige Orte, an denen Salz aktiv abgebaut wird. Im Salzkammergut gibt es zwei Schaubergwerke, die man besichtigen kann und obwohl beide dasselbe Mineral zum Thema haben, sind sie doch sehr unterschiedlich. Zwar sind die Salzwelten in Hallstatt älter, kunsthistorisch gesehen ist Altaussee jedoch spannender. Denn hier hatte große Kunst wirklich großes Glück. Und die Geschichte dahinter liegt im vergangenen Jahrhundert. Denn die Nationalsozialisten raubten Kunstwerke aus ganz Europa, um diese zum Teil für die Zeit nach dem Krieg zu bewahren, und lagerten sie im Bergwerk ein. Darunter waren Meisterwerke von Rembrandt, Michelangelo und sogar da Vinci. Der Genter Altar von 1420 wurde auch geraubt und im „Berg der Schätze" zwischengelagert. Als absehbar war, dass der Krieg nicht zu gewinnen war, gab es Pläne, die Kammern mit den Kunstwerken zu sprengen und so für immer zu vernichten. Im Schaubergwerk gibt es Berichte von Zeitzeugen, die von dieser dunklen Zeit berichten und wie die Schätze aus dem Berg geborgen wurden. Ein großes Glück also für die Kunst und für die Besucher eine faszinierende Möglichkeit direkt an Orten zu sein, wo vor nicht allzu langer Zeit Werke Rembrandt und Co. herumstanden. Ein weiteres Highlight erwartet einen am Ende des geführten Rundgangs. Denn tief im Berg gibt es einen kleinen See mit einer beeindruckenden Licht- und Musikshow.

TIPP

Unbedingt die erste Führung des Tages mitmachen, denn dann sind die Gruppen noch sehr klein.

● Salzwelten Altaussee, Lichtersberg 25, 8992 Altaussee, Tel. +43 (61 32) 2 00 24 00
www.salzwelten.at/de/altaussee

Steinberg
ausgeschlagen im Jahre
1319.

Das Glück im Glas

55 Die Privatbrauerei Schloss Eggenberg

Dass Brauereien heute noch in Familienbesitz sind, ist eher die Ausnahme als die Regel. Umso schöner ist es, dass sich in Vorchdorf eine dieser besonderen Brauereien befindet und sich dem Kulturgut des Bieres aus dem Salzkammerguts verschrieben hat. Seit 1681 wird hier bereits das goldene Glück gebraut und in der 8. Generation in Familienhand geführt.

Dass es im Salzkammergut auch eine Brauerei gibt, liegt quasi auf der Hand. Denn wenn die umliegenden Seen mit Wasser in Trinkwasserqualität gefüllt sind, dann ist das die beste Voraussetzung für ein gutes Bier. Und so bezieht die Privatbrauerei ihr Wasser sogar aus der eigenen Quelle, die sich nur wenige Schritte neben dem Sudhaus befindet. Aber nicht nur das Wasser als Rohstoff in bester Qualität sorgt für den unverwechselbaren Geschmack, sondern auch die heimischen Zutaten. Das Gerstenmalz wird sowohl in Nieder- als auch in Oberösterreich angebaut. Je nach Biersorte werden unterschiedliche Arten des Malz vermälzt, die dann für Farbe und Geschmack verantwortlich sind. Dann fehlt nur noch der Hopfen. Direkt außerhalb der Brauerei wird jedes Jahr auch dieser essenzielle Rohstoff für das Bier angepflanzt. Ein paar wenige Pflanzen veranschaulichen das kuriose Wachstum – denn Hopfen schießt direkt in die Höhe und kann mehrere Meter groß werden. Für die Brauerei ist dies aber viel zu wenig und so kommt der Hopfen, der ins Bier kommt, von ausgewählten Bauern aus dem Mühlviertel.

Wie die einzelnen Zutaten zu den 15 verschiedenen Bieren der Privatbrauerei Schloss Eggenberg vereint werden, erfährt man aufs Genaueste bei einer Führung. In zwei Stunden begibt man sich auf eine Reise in die Vergangenheit, lernt dabei über die alten Gemäuer, die Familiengeschichte und die Merkmale eines guten Bieres. Am Ende werden diese dann im alten Eiskeller noch verkostet. Ein ganz besonderes Bier ist das Samichlaus Barrique, das einige Zeit in Eichenfässern gelagert werden muss, um seine einzigartigen Aromen zu entfalten.

- Brauerei Schloss Eggenberg, Eggenberg 1, 4655 Vorchdorf, Tel. +43 (76 14) 6 34 50 www.schloss-eggenberg.at
- ÖPNV: Traunseetram, Haltestelle Vorchdorf Schloss Eggenberg Bahnhof

Wolfgangsee-Weitblick

56 Wanderung auf den Sparber

Wer nach einer sportlichen Herausforderung im Salzkammergut sucht und selbst schwindelfrei ist, sollte seine hohen Wanderschuhe schnappen und sich nach Strobl begeben. Der Parkplatz beim Gasthof Kleefeld ist großzügig und der Startpunkt der durchaus herausfordernden Tour. Zunächst führt der Weg an ein paar Wildgehegen vorbei, bevor es dann in den schattigen Wald geht. Die unbewirtschaftete Dürntalalm ist umgeben von einer saftig grünen Wiese mit wunderschönen Bergblümlein. Wie aus einem Gemälde wirkt dieser Anblick und die mächtigen Baumstämme laden zum Verweilen ein.
Grundsätzlich ist der Sparber eher der Kategorie anspruchsvoll zuzuordnen, es gibt aber immer wieder gemütliche Passagen, die die Füße entlasten und wo der Blick in der Ferne streifen kann – ohne gleich zu stolpern. Wer nicht so ganz trittsicher ist, kann auch den letzten Teil der Wanderung auslassen. Wichtig ist es, für die Tour gut vorbereitet zu sein, sich das Höhenprofil vorher genauer anzusehen, ausreichend Wasser und eine eigene Jause einzupacken, denn es gibt oben keine Hütte, in der man einkehren und sich verwöhnen lassen kann. Gerade nach Regen oder früh am Morgen, wenn Weg und Wiesen noch feucht sind, ist besondere Vorsicht geboten, da es an manchen Stellen rutschig werden kann. Gegen Ende des Wanderwegs wird es alpiner und exponierter. Wer an der Stelle mit den Holzstufen Bedenken hat, sollte auf keinen Fall weitergehen, denn die letzten Höhenmeter haben es in sich. Diejenigen, die mit festem Tritt, Erfahrung und Schwindelfreiheit gesegnet sind, werden ganz oben beim Gipfelkreuz angekommen einen der schönsten Panoramablicke im ganzen Salzkammergut und der umliegenden Berglandschaft genießen können. Zu Füßen liegt der türkis schimmernde Wolfgangsee in all seiner Pracht und gegenüber kann man sogar die Schafbergalm erkennen. Kaum zu glauben, dass man gerade einige Höhenmeter überwunden hat und nun die Endorphine ihre beflügelnde Wirkung entfalten!

● Wanderung auf den Sparber, Startpunkt am Parkplatz Gasthof Kleefeld, Kleefeldstraße 4, 5350 Strobl

Aus vergangenen Zeiten

57 Das Antiquariat Anno Dazumal in Bad Aussee

Spaziert man durch das Ortszentrum von Bad Aussee, gibt es vieles in den Schaufenstern zu entdecken. Von Trachten über Hüte, weiter zu Blumen und Seifen hin zu Delikatessen und Mitbringseln für jeden Anlass. In der Hauptstraße finden sich besonders viele dieser kleinen Läden und Shops, die zum Verweilen einladen und dazu animieren, sich sein Zuhause mit Stücken von dort zu verschönern – oder ihm Charakter zu verleihen.

Einer dieser Glücksorte, der sich dort befindet, ist ein klitzekleines Antiquariat. Ausgestattet mit dem wohl perfektesten Namen für einen solchen Laden verbindet das Anno Dazumal Menschen, ihre Geschichten und Habseligkeiten über Jahrzehnte und gar Jahrhunderte. Jeder Besuch ist wie ein Überraschungspaket, denn ständig werden neue alte Stücke ausgestellt und warten auf einen neuen Besitzer und ein gutes Heim. Gerade dann, wenn man nicht konkret auf der Suche nach etwas ist, lohnt sich ein Besuch in einem Antiquariat. Mit offenen Augen sucht man die Regale und Ecken des bis an die Decke gefüllten Ausstellungsraum ab – in der Hoffnung etwas zu finden, das die eigene Aufmerksamkeit verdient hat. Das Anno Dazumal ist ein gut sortiertes Antiquariat mit einer großen Auswahl an Dingen aus verschiedensten Epochen und Stücken, die man sonst nirgendwo finden würde. Beim Eintreten klingelt das Glöckchen oberhalb der Türe. Sonst herrscht hier eine angenehme Ruhe und der Ort strahlt Frieden aus. Manche Stücke sind thematisch sortiert, manche verstreut im Laden zu finden. Und eines steht fest: Jeder Gegenstand wäre es wert, einzeln betrachtet zu werden. Und insgeheim würde man doch so gern die Hintergrundgeschichten der Dinge erfahren, die hier gelandet sind. Ein Zauberspruch wäre in diesem Falle sehr praktisch und man könnte ganze Bücher mit den Inhalten füllen. Das Antiquariat ist ein Ort der Entdeckungen und bietet ein Sammelsurium an schönen, praktischen und seltenen Stücken. Definitiv ein Platzerl, an dem man sein Glück versuchen sollte.

● Anno Dazumal, Hauptstraße 51, 8990 Bad Aussee, Tel. +43 (6 60) 2 53 75 44
● ÖPNV: Bus 955, 956, 957, Haltestelle Bad Aussee Postamt

Anziehungskraft des Wassers

58 Der Plötz Wasserfall und die Mühlen

Wer auf der Suche nach einem kurzen Wanderweg mit Abkühlung ist und dabei auch noch etwas mehr als „nur" Wald sehen möchte, sollte sich den Ebenauer Mühlenwanderweg merken. Wer den gesamten Weg abläuft, wird sieben Mühlen zählen können. Die abgespeckte Variante bietet immerhin fünf der Mühlen und kann als Rundtour gegangen werden. Gestartet wird beim Parkplatz in Vorderschroffenau in Ebenau. Da der Platz beschränkt ist, sollte man eine zeitige Anreise planen oder aber Zeit im Gepäck haben. Der Wanderweg ist nicht sonderlich lang und so wird bestimmt schon nach kurzer Wartezeit ein Parkplatz frei. Von hier sind es nur wenige Minuten, die man den gelben Wandermarkierungen folgen muss, um zur ersten der alten Mühlen zu gelangen. Angeblich gibt es Mühlen hier schon seit dem 14. Jahrhundert, als in der Region noch aktiv Getreide angebaut wurde. Der Weg schlängelt sich weiter durch den Wald, der im Sommer gern gesehenen Schatten spendet. Die Baumkronen sind recht dicht mit ihrem Laub und Nadeln und lassen nur dieses bestimmte schummrige Licht durch, das es nur in den Wäldern gibt. Der Boden ist zum Teil bedeckt von Moos, im Hintergrund sind die Stimmen der Vögel zu vernehmen und das Rascheln der Blätter, wenn der Wind sanft durch sie streicht. Und geht man dann weiter, vernimmt man auf einmal ein leises Rauschen in der Ferne. Mit jedem Schritt wird es klarer und ruft förmlich den eigenen Namen. Es ist doch immer wieder erstaunlich, was für eine enorme Anziehungskraft Wasser und welch beruhigende Wirkung es auf jeden hat.

Die eigenen Füße sind auf Autopilot und man riecht schon das Wasser, bevor man es sieht. Und dann tut sich der Blick auf, ganz als ob man im Theater darauf gewartet hätte, dass sich der Vorhang hebt. Die Plötz ist ein imposanter Wasserfall, der gut 50 Meter hoch ist und dessen Wasser aus dem Rettenbach einige der Mühlen versorgt. Jetzt heißt es Schuhe aus und zumindest bis zu den Knöcheln ins Wasser. Wer mag, erfrischt sich im Ganzen.

● Plötz Wasserfall, 5323 Vorderschroffenau

Un poco España

59

Das Restaurant El Barril in Unterach am Attersee

Wie wäre es mit einer kulinarischen Reise ans andere Ende Europas? Keine Sorge, dafür braucht man nicht durch die Sicherheitskontrolle am Flughafen oder ein paar Stunden im Flieger zu sitzen. Das Gute liegt oft so nah und im Salzkammergut gibt es wohl einige geniale Plätze, um sich verwöhnen zu lassen. Einer davon ist das Restaurant El Barril in Unterach am Attersee. Liebevoll wird es von Stefanie Hell und Gregor Götsch geführt. Das Power-Duo hat nicht etwa nur eine Urlaubsbegeisterung für die Iberische Halbinsel, sondern hat auch dort einige Zeit gelebt. Die spanische Küche hat es den beiden richtig angetan. So entschieden sie sich, dass auch andere von ihrer Leidenschaft profitieren sollten. Daraus entstand El Barril, was auf Deutsch mit „das Fass" übersetzt werden kann. Ein Ort im Herzen des Salzkammerguts, der Foodies schnell für sich gewinnt.

Die Speisekarte ist umfangreich und macht die Wahl nicht einfach, sich für etwas zu entscheiden. Zum Glück reden wir hier von Tapas, die per Definition Häppchen sind. Da darf man sich auf jeden Fall mehrere genehmigen, um seinen Hunger zu stillen. Wie wäre es mit dem köstlichen Tartar de Pescado, einem Lachsforellentartar mit Avocado, Frühlingszwiebeln, Tomaten und Sesam? Oder doch lieber Jamón Iberico, einem kräftigen Schinken direkt aus Spanien? Auf der Speisekarte stehen neben kalten Tapas natürlich auch warme Speisen. Der Pulpo a la Galicia ist ebenso wärmstens zu empfehlen. Diese Tapa ist einem Rezept aus Galizien nachempfunden und vereint saftigen Oktopus mit frischen Erdäpfeln. Wer Lust auf Klassiker wie Patatas Bravas und Paella mit Meeresfrüchten oder Huhn hat, wird im El Barril fündig – und vor allem glücklich werden. Nicht unerwähnt sein sollte das gemütliche Ambiente des Lokals. Rustikal in einem alten Haus untergebracht, merkt man zwar, dass man sich geografisch noch in Österreich befindet, jedoch die Mentalität durchaus spanisch ist: herzlich, offen und einladend!

TIPP

Nicht sicher, welche Tapas die richtigen sind? Das Team von El Barril berät bestens!

- El Barril, Hauptplatz 6, 4866 Unterach am Attersee, Tel. +43 (6 77) 62 57 57 72
www.el-barril.at
- ÖPNV: Bus 561, 562, Haltestelle Unterach/Attersee Ortsmitte

Idyllischer Rückzugsort

60 Das Felsenbad in Faistenau

Würden dort am Straßenrand mitten im Wald am Weg zum Hintersee nicht ein paar Autos und Fahrräder stehen, würde man meinen, dass es hier nichts zu sehen gibt. Dieser Glücksort ist das perfekte Beispiel, dass man auch direkt am Glück vorbeifahren kann, wenn man nicht nach links und nach rechts schaut. So liegt eben etwas versteckt und direkt parallel zur Almbachstraße das Felsenbad Faistenau. Ein kleiner Wegweiser markiert zwar den Ort an der Straße, aber wenn man so einfach im Auto oder am Rad daran vorbeifährt, ist nicht gleich erkenntlich, was einen nach wenigen Schritten erwartet.

Die Bäume sind an dieser Stelle auch nicht sonderlich dicht und ein paar Trampelpfade im weichen Waldboden weisen den Weg. Das Plätschern des Wassers wird immer lauter und schon offenbart sich das Felsenbad, das von den Gezeiten im Almbach geformt wurde. Keinerlei menschliches Zutun war nötig, dass es heute diese natürlichen Pools gibt. Die Strudeltöpfe oder auch Gumpen genannt sind durch die immense Kraft des Wassers über Jahrtausende geformt worden. Auf knapp 100 Metern gibt es verschiedenste Naturpools, die unterschiedliche Größen und Tiefen haben. Eines haben sie alle gemein: Das Wasser ist recht frisch, um nicht zu sagen kalt. Da gehört schon eine kleine Portion Mut dazu, sich hier komplett hinzuzusetzen. Auf Flipflops sollte man hier auf jeden Fall verzichten, da der Untergrund rutschig und regelmäßig unregelmäßig ist. Wasserschuhe oder Wandersandalen, die auch nass werden dürfen, sollten unbedingt mit im Gepäck sein. Die Gumpen bieten Badespaß inmitten der Natur im Salzburger Teil des Salzkammerguts und gerade Naturliebhaber werden hier ein besonderes Platzerl für sich finden. Wer seine Liebsten mit einem unvergesslichen Erlebnis überraschen möchte, sollte den Picknickkorb einpacken – oder in Kathis Blumencafé in Faistenau Köstlichkeiten to go bestellen. Fotobegeisterte Frühaufsteher freuen sich hier außerdem über ein geniales und magisches Licht in den Morgenstunden.

● Felsenbad Faistenau, Almbachstraße, 5324 Faistenau

Paradies für Naschkatzen

61 K. u. k. Hofzuckerbäcker Zauner in Bad Ischl

Mit Bad Ischl verbinden die meisten wohl vor allem drei Dinge: die Habsburger, Sommerfrische und die Konditorei Zauner. Und diese kann man ganz gemütlich an einem Tag (im Sommer) erleben und kombinieren.

Das altehrwürdige Ambiente des Stammhauses in der Pfarrgasse lässt auch heute noch vermuten, wie es damals zu Kaisers Zeiten hier ausgesehen haben mag. Hohe Decken, pompöse Verzierungen und viel Charme machen die Konditorei zu einem einzigartigen Ort im Salzkammergut, an den man immer wieder gerne zurückkehrt. Sobald man durch die schwere Türe eintritt, wird man von köstlich süßen Düften empfangen. Vor einem erstreckt sich eine Vitrine, die ihresgleichen sucht. Bis oben hin ist sie mit verschiedenen Klassikern und Eigenkreationen gefüllt. Für was man sich entscheiden soll, ist jedes Mal aufs Neue eine kleine Qual. Im Hintergrund werkeln jeden Tag dreißig Zuckerbäcker und acht Köche, um die einzigartigen Kreationen zu zaubern. Dabei wird auch immer wieder an neuen Rezepturen gefeilt, um kulinarisch am Zahn der Zeit zu bleiben. Ein besonderer Fokus wird auf das Handwerk der Zuckerbäcker und den Fortbestand der hauseigenen Spezialitäten gelegt. Dabei kommt man um den Zaunerstollen nicht herum. Dieser entstand aus einem Zufall heraus und war eher dazu gedacht, Ischler Oblaten weiterzuverarbeiten. Diese wurden zerkleinert und mit einer Creme aus Haselnüssen und Nougat vermengt. Der damalige Konditormeister im Hause Zauner war ein Herr Josef Nickerl. Und er ist für diese süße Erfindung verantwortlich. Seine Kreation wurde „Nickerl-Batz" genannt und die ursprüngliche Idee war es, dass diesen „Batz" Kinder kaufen würden. Jedoch fand seine Kreation auch bei Erwachsenen großen Anklang. Daraufhin wurde der Batz weiterentwickelt, die Rezeptur verfeinert und schlussendlich mit einer dünnen Schokoladenschicht überzogen. Der Zaunerstollen war geboren. Und wer jetzt Lust auf solch eine Köstlichkeit hat und gerade nicht in Bad Ischl ist, kann sie auch einfach nach Hause bestellen.

- Konditorei Zauner, Pfarrgasse 7, 4820 Bad Ischl, Tel. +43 (61 32) 2 33 10 20 www.zauner.at
- ÖPNV: verschiedene Busse und Züge, Haltestelle Busterminal Bad Ischl oder Haltestelle Bahnhof

Schlemmereien am See

62 Das Attersee in Attersee am Attersee

Der Attersee ist ein Ort zum Verweilen. „Das Attersee“ ist ein Ort zum Verweilen und zum Genießen. Und wenn man etwas Glück mitbringt, dann sitzt man im „Attersee“ direkt in der ersten Reihe am Attersee und stößt mit seinen Liebsten auf die wunderbare Aussicht an. Dazu ein paar köstliche Happen und voilá – was kann es denn Schöneres geben? Die Lokalität „Das Attersee“ ist ein Stern am Kulinarikhimmel des Salzkammerguts. Und auch weit darüber hinaus. Seit 2020 erstrahlt es in neuem Glanz und wurde komplett neu ausgestattet. Mit viel Liebe zum Detail und verspielten Design-Elementen muss man sich hier einfach wohlfühlen. Obwohl das Restaurant recht groß ist, fühlt es sich kaum so an. Viele Ecken und Nischen sorgen dafür, dass man sich auch in kleiner Runde oder bei einem Rendezvous in Ruhe unterhalten und sich den kulinarischen Verführungen hingeben kann. Egal, wie man den Tag rund um den See verbracht hat, zur Perfektion wird er im „Das Attersee“ gekrönt. Ganzjährig kann man sich darauf verlassen, dass man hier aufs Beste verköstigt wird. Wer Lust auf nur einen kleinen Happen verspürt, wird sich über die Tapas-Häppchen auf der Speisekarte freuen. Österreichisch angehaucht und mit viel Liebe wurden die Rezepturen dafür entwickelt. Vegetarier und auch Veganer werden besonders glücklich sein, denn es gibt auch eine kleine Auswahl an köstlichen Variationen. Wer es auf einen Fisch aus dem Attersee abgesehen hat, sollte schnell sein: Denn die Attersee-Reinanken mit heurigen Erdäpfeln gibt es jeden Tag nur, solange der Vorrat reicht. An ausgewählten Tagen, die regelmäßig auf der Website und auch auf Social Media verkündet werden, findet ein köstlicher Brunch statt. Neben Frühstücksklassikern werden auch Vorspeisen, Suppen und Hauptspeisen aufgetischt. Für die Naschkatzen ist mit einer Auswahl an Nachspeisen natürlich auch gesorgt. Für das All-you-can-eat-all-you-can-drink-Bruncherlebnis unbedingt vorab reservieren, denn es erfreut sich größter Beliebtheit!

● Das Attersee, Hauptstraße 2, 4864 Attersee am Attersee, Tel. +43 (6 64) 9 27 85 72
www.dasattersee.at
● ÖPNV: Bus 561, 563, 565, Haltestelle Attersee Schiffstation (Hauptstraße)

Mit der Gondel hoch hinaus

63 Mit der Katrin auf die Katrin in Bad Ischl

Im Salzkammergut gibt es schöne Berge und Aussichtspunkte zuhauf. Oft wirkt es so, als stünden sie untereinander in einem ewigen Wettbewerb. Manche Aussichtspunkte bleiben allerdings nur denen vorbehalten, die sportlich – und vielleicht sogar schwindelfrei – sind. Die Ausblicke, die es von der Katrin ins Tal gibt, gehören allerdings nicht dazu. Zwar gibt es einen Wanderweg von unten auf den Berg hinauf, aber manchmal tut es den Beinen auch gut, wenn man ihnen eine kleine Verschnaufpause gönnt. Und wie gelingt das besser als mit einer gemütlichen Fahrt in den wohl schicksten Gondelkabinen des Landes? Gerade mal 15 Minuten dauert es, bis man auf 1400 Meter Seehöhe mit wunderschönen Weitblicken oben bei der Bergstation ankommt. Die Kabinen der Seilbahn lassen in eine andere Ära eintauchen und die Holzbänke tragen dazu bei, dass es sich wie eine Reise in die Vergangenheit anfühlt. Steigt man dann aus, muss man sich entscheiden, worauf man Lust hat und wo es zuerst hingehen soll. Denn tolle Bergerlebnisse gibt es hier mannigfaltig. Das Naturschutzgebiet hat für alle etwas parat. Am Erlebnisweg begibt man sich auf die Spuren von Gämsen und lernt so einiges über die alpinen Tiere. Insgesamt zwölf Stationen bieten einen Einblick ins Leben in den Bergen.

TIPP

Es finden regelmäßig Events wie Yoga, Jodeln oder Weißwurst-Essen statt. Infos gibt's auf der Website.

Ein echtes Highlight für Bergfexe ist die 7-Seenblick-Wanderung. Der mittelschwere Weg erstreckt sich auf 4,3 Kilometer und ist – wie der Name wohl schon verrät – eine der aussichtsreichsten Touren in der gesamten Region. Immer wieder stehen Bänke an den schönsten Plat-zerln, damit man den Ausblick noch intensiver genießen kann. Die Augen – oder auch die Nase – unbedingt offen halten, denn am Wegesrand wachsen immer wieder Bergkräuter wie Wilder Thymian. Am Ende des Rundwanderweges darf man sich dann im Katrin Berggasthof oder der Katrin Almhütte kulinarisch verwöhnen lassen. Klassiker wie Brettljause werden mit Spezialitäten aus der Region serviert. Das macht das Bergglück perfekt!

- Katrin Talstation, Kaltenbachstraße 62, 4820 Bad Ischl, Tel. +43 (61 32) 2 37 88 www.katrinseilbahn.com
- ÖPNV: Bus 551, Haltestelle Kaltenbach bei Bad Ischl Katrinseilbahn

Auf kleinstem Raum

64

Im Tiny House von Franzl braucht es nicht viel

Etwas außerhalb des Ortskerns von St. Wolfgang befindet sich das B&B Franzl. Wobei die beiden Bs nicht für Bed and Breakfast, sondern für Bett und Brot stehen. Ein ausgiebiges Frühstück, das alle Stückeln spielt, alles bietet, was sich das Herz wünscht, gibt's hier aber natürlich auch. Im Frühjahr 2015 eröffneten Raffaela und Robert gemeinsam das Franzl mit einer ordentlichen Portion Herz und auch Sinn für das Besondere. Das Haupthaus ist auf jedem Stockwerk den unterschiedlichen Ebenen in der Natur angepasst: So ist es im Erdgeschoss hellgrün wie die saftigen Wiesen im Tal, einen Stock höher folgt ein sattes Dunkelgrün für die Wälder und ganz oben wird es gebirgig-grau. Die beiden Designer nahmen aus ihren vorigen Berufen in Linz ihre Leidenschaft für Farben und Gestaltung mit, hauchten dem Franzl somit seine besonderen Lebensgeister ein und legten den Grundstein für unzählige Glücksmomente.

Aber nicht nur im Haus selbst gibt es tolle Platzerl zum Abschalten. Denn hinter dem schönen alten Bauernhaus finden sich noch zwei kleinere Unterbringungsmöglichkeiten für all diejenigen, die es gerne individuell und einzigartig haben. Hier befinden sich zum einen der weiße und etwas überdimensioniert wirkende Glamping Dome und zum anderen ein sogenanntes Tiny House. Der umgestaltete Caravan steht schräg zum Stall und der Weide der Alpakas und hat sogar einen kleinen Mini-Garten mit Blick auf den dahinterliegenden Wald und seine saftigen Hügel.

Zieht man ins Tiny House, kann man die Welt draußen lassen und tatsächlich zur Ruhe kommen. Apropos Ruhe: Das einzige Geräusch, das man hier noch vernimmt, ist das beruhigende Gezirpe so mancher Insekten von den umliegenden Wiesen, die die heimelige Stimmung nur noch umso mehr untermalen. Egal, ob mit der besten Freundin oder dem Partner, hier im Tiny House bleibt die Welt stehen und des Nachts kann man durch das Dachfenster den Sternenhimmel unter der warmen Bettdecke bestaunen. Morgens dann ausgiebig auf der kleinen Terrasse strecken und ins Haupthaus zum Frühstück schlendern.

TIPP

Wer schwimmen möchte, findet nur 800 Meter entfernt einen schönen Badeplatz in der Berau-Bucht.

- Tiny House – Das Franzl, Schwarzenbach 9, 5360 St. Wolfgang im Salzkammergut, Tel. +43 (61 38) 25 43, www.berau.at/hotels/das-franzl-bett-brot
- ÖPNV: Bus 546, Haltestelle St. Wolfgang im Salzkammergut Schwarzenbach

Knöpfe und noch mehr Knöpfe

65 Das Handwerksparadies Knopf Mayr in Gmunden

Schlendert man so durch die Gassen von Gmunden, wird man immer wieder von verschiedenen Auslagen und Schaufenstern angezogen. Trachten, Hüte, Büro-Utensilien ... Das alles findet man auch in vielen anderen Städten. Ein kleiner Laden in der Kirchengasse bedient dabei aber eine Leidenschaft, die wieder gerade eine kleine Renaissance erlebt: nämlich das Handwerk! Dabei hat sich der Inhaber besonders auf eine Sache spezialisiert: Knöpfe. Und die gibt es bei Knopf Mayr wahrlich im Überfluss. Betritt man den Laden, hat man das Gefühl in eine andere Zeit zu reisen oder gar in eine andere Welt einzutauchen. Hinter sich lässt man das geschäftige Treiben und köpfelt vorn über in ein Paradies für Handwerksliebhaber. Die Türklingel ertönt sanft und macht den Besitzer auf neuen Besuch aufmerksam. Ein besonderer Geruch von alten Dingen erfüllt den kleinen Geschäftsraum – keineswegs unangenehm, sondern eher im Gegenteil komplettiert er das Erlebnis. Bis unter die Decke reichen die Regale an allen Wänden. Knöpfe so weit das Auge reicht. Knöpfe in allen erdenklichen Formen. In allen erdenklichen Farben. Und auch in Formen und Farben, die man so gar nicht kennt. Am Verkaufstresen stehen kleine Behälter mit Bändern, Nadeln, Broschen, Aufnähern und wohl so ziemlich allem, was man als leidenschaftlicher Handwerker oder Näher braucht – oder brauchen könnte. Passend zu den Myriaden an Knöpfen gibt es auch für jede Farbe und jeden Verwendungszweck das passende Garn.

Es ist fast so, als wäre das kleine Geschäft ein Museum für all diejenigen, die mit ihren Händen die Kunst des Nähens und Schneiderns verstehen und pflegen. Jedoch ist anzumerken, dass es sich eben um einen Laden handelt, dessen Ziel es ist, seine Knöpfe an den Mann und die Frau zu bringen. Wer also nur „zum Schauen" oder Fotografieren vorbeikommen möchte, wird möglicherweise einen nicht ganz so freundlichen Blick des Besitzers ernten. Also: Wer ins Reich der Knöpfe eintauchen möchte, sollte zumindest welche als Souvenir oder Andenken mitnehmen, damit der Laden auch weiter bestehen kann.

- Knopf Mayr, Kirchengasse 14, 4810 Gmunden, Tel. +43 (76 12) 6 41 01 knopf-mayr.business.site
- ÖPNV: verschiedene Busse- und Straßenbahnen, Haltestelle Gmunden Rathausplatz

Ist das das Paradies?

66 Der Almsee im Almtal

Der Almsee ist ohne Frage einer der majestätischsten Orte, die es überhaupt gibt. Ein majestätischer Glücksort, wenn man so will. Eingebettet im sanften und malerischen Almtal erstreckt er sich über eine Länge von knapp mehr als 2 Kilometern. Er strahlt eine Schönheit aus, die man woanders nicht so schnell findet. Eine Schönheit, der es gar nicht um einen Vergleich geht. Sondern eine Schönheit, die einfach durch ihr Sein eine magische Anziehungskraft hat. Wer früh am See ist, wird ihn meist ganz für sich alleine genießen können. Zwar gibt es eine gute Anbindung mit den öffentlichen Verkehrsmitteln, was diesen Ort auch für all diejenigen erreichbar macht, die selbst nicht mobil sind oder die Wert auf eine nachhaltige Anreise legen. Jedoch kommt der erste Bus erst im Laufe des Vormittags an. Da muss man sich dann wohl entscheiden, ob man früh aus den Federn hüpft, um den Almsee für sich zu haben und den ersten Sonnenstrahlen zusieht, oder ob man mit Bahn und Bus erst später unterwegs ist.

Der kristallklare Alpensee ist tatsächlich mit einem funkelndem Juwel vergleichbar. Denn wenn die Sonne sanft seine Oberfläche streichelt und die ersten Enten ihre Bahnen ziehen, dann bricht das Licht auf eine Weise, für die es kaum Worte gibt. Vielleicht liegt es auch daran, dass man den See nur zu Fuß umrunden kann und daher schon eine gewisse Entschleunigung geschieht. Der Geruch des Waldes und des Wassers vermischt sich und kreiert einen unwiderstehlichen Duft, den man gerne in eine kleine Flasche füllen und mitnehmen möchte. Wenn man so am Ufer entlangwandert und Schilf, Bäume und die Berge im Hintergrund wahrnimmt, dann gelingt es, wirklich präsent zu sein. Wer eine komplette Runde um den Almsee plant, wird die 6 sanften Kilometer in gut 1,5 Stunden schaffen. Wer allerdings seine Kamera mit dabei hat, wird auf jeden Fall länger brauchen, denn an beeindruckenden Fotomotiven mangelt es hier sicher nicht. Das ist ein Versprechen!

- Almsee, 4645 Grünau im Almtal
- ÖPNV: Bus 533, Haltestelle Almsee Gasthaus Seehaus

Nom, nom, nom mit Ausblick

67

Das Gasthaus Siriuskogl in Bad Ischl

Der alte Aussichtsturm am Stadtberg von Bad Ischl trägt den Namen Siriuskogl und ragt majestätisch über die Baumkronen hinweg. Selbst vom Zentrum der Kurstadt aus kann man den Holzturm aus vergangenen Zeiten immer wieder erblicken. Ein Besuch lohnt sich – und auch wenn der Aufstieg kurzzeitig etwas fordernd ist, so wird man oben kulinarisch aufs Beste verwöhnt. Beginnen wir aber im Tal: Von der Esplanade gelangt man in gut 10 Minuten zu Fuß über die Grazerstraße und die Siriuskoglgasse zum Start des Weges. Dieser führt schattig durch den Wald über einen befestigten Schotterweg. Teil davon ist der Sinneswunderweg, auf dem man alle seine Sinne ausprobieren und sie spielerisch neu wahrnehmen kann. Duftstelen, ein Weg zum Barfußgehen und auch Trichter zum In-den-Wald-Reinhören sind nur ein kleiner Ausschnitt davon. Es gibt entlang des Weges übrigens einen echten Kraftplatz: Große Felsen scheinen aus dem Nichts den Boden durchdrungen zu haben und sind eine imposante Erscheinung. Wer Bedarf an etwas Naturkraft hat, geht durch sie hindurch und hält seine Handflächen auf den kühlen Stein. Bevor man die alte Aussichtswarte zu sehen bekommt, vernimmt man möglicherweise schon die Töne derer, die hier oben leben. Da grunzt und blökt es. Da wiehert und bellt es. Rund um den Siriuskogl wurde ein Kleintierzoo mit Ziegen, Ponys, Schweinen, Hunden und auch Schildkröten eingerichtet. Wer möchte, kann die Ziegen durch den Zaun auch selbst füttern.

TIPP

Wer etwas Besonderes sucht, sollte sich das Turmdinner nicht entgehen lassen.

In den Sommermonaten werden aber auch Menschen kulinarisch hier oben verköstigt. Christoph „Krauli“ Held ist der kreative Kopf der abwechslungsreichen Speisekarte, die es äußerst schwer macht, sich für ein Gericht zu entscheiden. Bei Schönwetter unbedingt draußen direkt an der Mauer einen Tisch aussuchen, um neben den schmackhaften Kreationen auch die Aussicht auf Bad Ischl genießen. Wer einen noch besseren Blick sucht, muss nur noch die Stufen auf den hölzernen Aussichtsturm überwinden und sich dann oben im Gästebuch eintragen.

● Gasthaus Siriuskogl, Sulzbach 70, 4820 Bad Ischl, Tel. +43 (6 60) 7 34 63 02
www.siriuskogl.at

Zipfer
Bier
Gösser

Tropf, tropf, tropf

68

Die Gassel-Tropfsteinhöhle in Ebensee

Was ist besser als Zeit in der Natur und an der frischen Luft zu verbringen. Dabei auch noch die Schönheit der Alpen genießen und in der Ruhe Kraft tanken. Das klingt nach einem guten Plan! Noch besser wird es, wenn man dabei seinen Entdeckergeist weckt und etwas Neues lernt. Das gelingt bei einem Wanderausflug zur Gassel-Tropfsteinhöhle in Ebensee. Diese muss man sich aber auf jeden Fall (hart) erarbeiten, denn die Höhle liegt nicht etwa im Tal oder direkt neben einer Straße. Vom (kostenpflichtigen) Parkplatz am Rindbach sind es rund 2,5 Stunden, die man benötigt, bis man zur Gasselhütte kommt. Der Weg führt zunächst an der Forststraße entlang und biegt dann in den Schatten spendenden Wald ab. Von hier weg gibt es dann zwei Varianten: einmal das Flussbett entlang – aber Achtung, hier ist der Weg nicht immer gekennzeichnet – oder quer durch den Wald. Die umliegenden Berge sorgen nicht nur für eine wunderbare Ruhe, sondern schirmen auch recht effektiv den Handyempfang ab. Aus diesem Grund unbedingt die Wanderkarte offline am Smartphone abspeichern, damit man nicht vom Weg abkommt und sich verirrt.

TIPP

Unbedingt warm anziehen, denn in der Höhle hat es konstant 6–7 Grad.

Oben angekommen wird man vom Hüttenwirt herzlich empfangen. Die bezwungenen Höhenmeter feiert man am besten mit einem der hausgemachten Schnäpse und gönnt sich eine köstliche Brettljause mit Ausblick auf die Wälder und Berge. Mit etwas Glück tischt der Hüttenwirt auch noch seine Holzknechtnocken auf. Mahlzeit! Hier in der Gasselhütte meldet man sich auch für die geführten Touren durch die Tropfsteinhöhle an. Erkundungstouren auf eigene Faust sind nicht möglich, da man drinnen zu schnell die Orientierung verlieren kann. Der Weg in der Höhle führt über Stock und Stein, über Stufen und Gitter hinweg. Dabei wird man vom konstanten Tropfgeräusch des Wassers begleitet. Nach gut 250 Metern tut sich ein horizontaler Schacht auf, der gleichzeitig den tiefsten Punkt der Tour markiert. Augen auf: denn die Felsformationen sind hier besonders imposant!

● Gassel-Tropfsteinhöhle, Karbertal, 4802 Ebensee, Tel. +43 (6 80) 1 12 75 44
www.gasselhoehle.at

Fest am Board

69 Eine Stand-up-Paddle-Tour am Mondsee

Kaum eine Sportart ist in den vergangenen Jahren so sehr durch die Decke geschossen wie Stand-up-Paddling (SUP). Im Meer, in Seen und sogar auf Flüssen wird fleißig gepaddelt und die Umgebung von einer anderen Perspektive aus erkundet. Und wenn eine Region so sehr mit Wasser gesegnet ist wie das Salzkammergut, dann muss das ja auch ein wahres Mekka für alle Wassersportler sein, oder? Der Mondsee ist einer der wärmsten Seen im Herzen von Österreich und eignet sich aus diesem Grund auch ideal für neugierige Neulinge, die in den SUP-Sport hineinschnuppern wollen. Denn gerade am Beginn fällt man leicht mal ins Wasser, da sollte man auf keinen Fall einen Temperaturschock bekommen. Nicht, dass einem da gleich der Spaß an dieser wirklich besonderen Freude vergeht.

Der Mondsee ist aber nicht nur aufgrund seiner tollen Lage und der warmen Wassertemperaturen ideal, sondern auch, weil es verschiedene Einstiegsstellen gibt, die zum Teil öffentlich zugänglich sind. Wer also schon ein SUP besitzt, kann auf eigene Faust den See erkunden. Wirklich einzigartig ist die Kulisse mit der mächtigen Drachenwand im Hintergrund. Wenn man entlang des Seeufers gemächlich vor sich hin schippert und dabei selbst den Takt vorgibt, dann kommen auf jeden Fall Freiheits- und ganz große Glücksgefühle auf.

Wer noch keinerlei Erfahrung damit hat, auf dem etwas zu breit geratenen Surfboard sich stehend fortzubewegen, sollte einen kurzen Kurs besuchen. Die Segelschule Weiße Taube in Schwarzindien liegt direkt am See und bietet in den Sommermonaten regelmäßig SUP-Kurse an. Das Stand-up-Paddling ist eine durchaus dankbare Sportart, denn sie ist schnell zu erlernen und macht viel Spaß. Und selbst wenn man mal ins Wasser fällt, ist man flink wieder auf dem Board und kann weitermachen. Besonders an heißen Tagen springt man dann auch gerne mal freiwillig in den See. In der Segelschule werden neben normalen Kursen auch geführte Touren bei Sonnenaufgang organisiert. So sieht ein gelungener Start in den Tag aus, oder?

● Stand-up-Paddle-Tour, Segelschule Weisse Taube, Schwarzindien 69, 5310 St. Lorenz, Tel. +43 (62 32) 22 77, www.weissetaube-mondsee.at

Naschkatzen, hier entlang!

70 Die Bäckerei & Konditorei Maislinger in Bad Goisern

Bad Goisern ist schon ein entzückendes Nest. Der perfekte Ausgangspunkt, um den nächsten Glücksort aufzusuchen. Und genau hier im Herzen der kleinen Ortschaft, die unweit des Hallstättersees liegt, befindet sich die Konditorei Maislinger. An der Ecke zur Unteren Marktstraße und der Pflegergasse steht das prächtige Haus, in dem seit Jahrzehnten fleißig gebacken, gekocht und verköstigt wird. Beim Eintreten spürt man bereits die Gastfreundschaft, die hier gelebt wird. Je nachdem wie viel Zeit man mitbringt, kann man sich ein Sackerl Lebkuchen to go mitnehmen oder es sich im Wintergarten bei einer Tasse Tee oder Kaffee gemütlich machen. In der wärmeren Jahreszeit ist auch der schattige Gastgarten eine tolle Option, um einen lauen Abend ausklingen zu lassen. Und sich in der frischen Luft einem Stück Kuchen hinzugeben, mhmm – ist das herrlich! Und nachdem Bad Goisern am Hallstättersee auch ein Luftkurort ist, könnte man einen Besuch im Gastgarten der Bäckerei & Konditorei Maislinger auch im Namen der Gesundheit tätigen, oder?

TIPP

Wer nicht genug bekommen kann, sollte sich schleunigst im Webshop Lebkuchen-Nachschub organisieren.

Im Inneren Salzkammergut wird schon seit jeher auf Handwerk großen Wert gelegt. Auf der Website der Maislingers steht wohl auch aus diesem Grund folgender Satz: „Liebe zum Handwerk steht bei uns an oberster Stelle." Das hat sich über die Jahre auch ausgezahlt und herumgesprochen. Das Stammhaus in Steeg wurde 1932 von Josef Maislinger gegründet und über die Zeit sind noch weitere Filialen in Hallstatt, Obertraun, Altaussee und natürlich Bad Goisern dazugekommen. Eine Besonderheit, die es wohl nur in diesen Konditoreien gibt, ist das „Guazal" oder auch „Guazalwerk". Diese Worte beschreiben all das Süße, das in den Backstuben und in den Mehlspeisküchen mit Liebe – und dem einen oder anderen Geheimnis – zubereitet wird. Ganz oben steht der köstliche Lebkuchen, der nicht nur in der Adventzeit hier zu kaufen ist, sondern das ganze Jahr über. Ein wahrer Glücksort für alle, die sich auch im Sommer nach einem Stück Weihnachten sehnen.

● Bäckerei & Konditorei Maislinger, Untere Marktstraße 4, 4822 Bad Goisern am Hallstättersee, Tel. +43 (61 35) 2 05 62, www.keltenbrot.at
● ÖPNV: verschiedene Regionalzüge, Haltestelle Bad Goisern

handmade
Guazal Werk
MAISLINGER'S
LEBKUCHEN
ORANGE

Freiheit am Berg

71 Entlang der Loser Panoramastraße

Im steirischen Teil des Salzkammerguts weht ein anderer Wind und das spürt man bestens bei offenem Verdeck in einem Cabrio oder zumindest offenen Fenstern beim Cruisen entlang der Loser Panoramastraße im Ausseerland. Hier gilt vor allem eine Regel: Der Weg ist das Ziel, wenn auch das Ankommen oben auf der Loseralm eine Klasse für sich ist. Auf 9 Kilometern schlängelt sich die Panoramastraße den Loser hoch und schmiegt sich sanft an seine Hänge, Felsen und Weiden. Dabei passiert man Aussichtspunkte mit idyllischen Weitblicken. Die grandiosen Ausblicke auf den Altausseersee sind am Berg oder von unten im Tal – wie hinten bei der Seewiese – zwar unterschiedlich und kaum vergleichbar, und doch hat jeder Blickwinkel seinen eigenen Funken Magie in sich.

TIPP

Wanderschuhe einpacken und dann zum Augustsee wandern!

Während man also gemütlich die Straße entlangzuckelt, wird man sich an der Schönheit der Natur, die einen umgibt, nicht sattsehen können. Die Berge ragen majestätisch und stolz gen Himmel, als gäbe es einen Wettbewerb zu gewinnen. Die Bäume und Latschen verzieren den Ausblick ins Tal, als wären sie bereit für das nächste Postkarten-Fotoshooting. Und wenn die Sonne im richtigen Winkel von oben herunterlacht, dann glitzert der Altausseersee verführerisch und magisch vom Tal herauf. Ganz so, als würde er einem ein Geheimnis anvertrauen wollen. Die Ruhe und gleichzeitig die Gelassenheit, die von dieser Umgebung ausgeht, ist ansteckend und verzaubert. Es ist ein Platz, an dem man das Glück entlang des Weges in jedem noch so kleinen Detail findet – man muss nur die Augen offen halten. Ein Ort, der einen erdet und gleichzeitig Flügel verleiht.

Wer auf der Suche nach einem romantischen Ausflugsziel mit seinem Lieblingsmenschen ist, sollte die Fahrt auf den Loser in die späten Nachmittagsstunden legen. Bei gutem Timing erreicht man die Loseralm genau richtig zum Sonnenuntergang. Bevor sich die letzten Sonnenstrahlen des Tages hinter den Bergen vertschüssen, toben sie sich mit ihren Farben am Himmel aus und färben ihn kunterbunt ein.

● Loser Panoramastraße, Lichtersberg 84, 8992 Altaussee, Tel. +43 (36 22) 713 15
www.loser.at

Bringen Drachen Glück?

72 Der Glücksdrache am Toplitzsee

2616 Schritte sind es vom Grundlsee hin zum Toplitzsee. Dass sich hier ein Drache versteckt, der bereits einiges erlebt hat, vermutet man wohl nicht. Umso schöner ist die Überraschung hinter der Fischerhütte, einen solchen zu entdecken und sich auf die Spuren seiner Geschichte zu begeben: Das Ausseerland ist bekannt für sein Narzissenfest, das jedes Jahr im Frühling seit 1960 stattfindet. Vier Tage lang gibt es eine Vielzahl von Veranstaltungen – wo auch die Narzissenkönigin und die beiden Narzissenprinzessinnen vertreten sind. Das Spektakel lockt jedes Jahr über 10.000 Besucher an, die diese Tradition selbst erleben möchten. Abwechselnd wird der Festsonntag, der den Höhepunkt des Narzissenfestes bildet, in Altaussee, Bad Aussee und Grundlsee ausgerichtet. Am Festsonntag gibt es einen Umzug mit prächtigen und überdimensional großen Figuren, die mit Narzissen verziert sind. Während in Bad Aussee diese durch die Stadt kutschiert werden, kommen die floralen Statuen in Grundlsee und am Altausseer See in den Genuss einer einzigartigen Bootsfahrt. Die Vorbereitungen für diesen Hochtag beginnen oft Monate im Voraus. Und hier kommt der Glücksdrache ins Spiel. Der Organisator des Life Balls in Wien, Gery Keszler, hatte da nämlich eine Idee.

Das Motto des Life Balls lautete 2014 „Garten der Lüste" und für diesen sollte eine außergewöhnliche Figur geschaffen werden. Nach Vorlage von André Heller arbeiten die Familien Freller und Pucher aus Altaussee über 600 Stunden lang am Grundgerüst aus Stahl, Holzwolle und Maschendraht. Die Konstruktion wurde dann nach Wien gebracht, wo Helferlein aus dem Ausseerland dem noch karg wirkenden Drachen mit Narzissen Leben einhauchten. Am 31. Mai 2014 wurde er als „Drache der bedingungslosen Liebe“ am Rathausplatz gefeiert. Nachdem er tags darauf auch beim Narzissenfest teilgenommen hatte, fand er am Toplitzsee ein ruhiges Platzerl, wo man ihn bestaunen kann. Und wer weiß, vielleicht bringt ein Besuch ja eine zusätzliche Prise Glück oder der Drache flüstert einem die eine oder andere Geschichte vom Life Ball ins Ohr?

TIPP
In der Fischerhütte gibt's köstliche Kuchen. Vielleicht also eine kleine Pause einlegen?

● Glücksdrache hinter der Fischerhütte am Toplitzsee, Gößl 172, 8993 Grundlsee

Jause mit Seeblick

73 Jagdhaus Seewiese am Altausseersee

Egal, ob man sich den Weg von Altaussee bis zur Seewiese erwandert oder in der wärmeren Jahreszeit mit dem Schiff über den See fährt, eines steht auf jeden Fall fest: Dieses Platzerl hat einfach Charme und ist ein perfekter Ort, um sich in der Sonne mit Hausmannskost verwöhnen zu lassen. Am nordöstlichen Ende des Altausseersees liegt das Jagdhaus Seewiese und dieses darf sehr wohl als Glücksort bezeichnet werden. Als Fürst Chlodwig Hohenlohe-Schillingsfürst erstmals im Rahmen eines Jagdausflugs hierher in die Region kam, konnte er sich an der idyllischen Landschaft nicht sattsehen und kaufte eines der ersten Häuser am See Mitte des 19. Jahrhunderts. Dank ihm und seiner Connections kamen nun viele wohlhabende Besucher und Adelige nach Altaussee. Auch diese verliebten sich in die malerische Gegend und ließen ihre eigenen Häuser dort errichten. Das Grundstück der heutigen Seewiese war ein Geschenk Kaiser Franz Josephs an den Fürsten, der daraufhin dort sein Jagdhaus bauen ließ.

TIPP

Im ersten Stock ist ein kleines Heimatmuseum eingerichtet.

Heute sind zwar weder Kaiser noch Fürsten hier anzutreffen, aber doch Könige. Denn seit mehr als 25 Jahren kümmern sich Pächter Paul König und seine Frau um das leibliche Wohl der Gäste. Zu den Highlights zählen frisch gebackene Strudel, aber auch Jausenbrote mit Steirerkas. Diese simple und doch so grandiose Köstlichkeit findet man nur mehr selten auf Speisekarten. Die beiden sorgen mit Schmäh und vielen Geschichten auch für die richtige Stimmung im Jagdhaus. Spricht man Paul König auf seine Karriere als Filmstatist an, sprudelt es nur so aus ihm heraus.

Apropos Film: An diesem Glücksort hat sich bereits Daniel Craig alias Doppel-Null-Agent James Bond aufgehalten. 2015 kam Hollywood an ein paar kalten und durchaus düsteren Wintertagen hierher ins Ausseerland, um am Altausseersee und im Jagdhaus Seewiese für den Film „Spectre“ zu drehen. Wie das Filmteam wohl auf dieses kleine Platzerl kam und sich dann schlussendlich auch dafür entschied, hier zu drehen, kann sicher dem Glück zugeschrieben werden.

Jagdhaus Seewiese, Altaussee 136, 8992 Altaussee, Tel. +43 (6 64) 3 38 76 22
www.jagdhaus-seewiese.com

Idylle des Glücks

74 Baumstumpf am Hinteren Gosausee

Zeit in der Natur verbringen, ist für manchen gleichzusetzen mit dem höchsten Glück. Wenn man so durch den Wald spaziert, die Bäume knacken hört, seine Lungen mit frischester Bergluft füllt und man sich der Schönheit bewusst wird, die einen umgibt, dann bleibt wohl nichts anderes übrig, als die Mundwinkel auf Anschlag hochzuziehen. Eine der wohl kurzweiligsten Wanderungen im Salzkammergut ist die am Vorderen und Hinteren Gosausee. Wer schon einmal hier war, wird verstehen, dass diese Orte mit Magie versehen sind und man hier zur Ruhe kommen kann. Alle anderen sind herzlich eingeladen, die Reise hierher in einen der letzten Winkel der Region anzutreten und sich selbst davon zu überzeugen.

Die Wanderung beginnt direkt am Vorderen Gosausee und führt zunächst entlang des Ufers. Im Wasser ziehen Enten ihre Runden und andere Vögel sind für die Hintergrundmusik zuständig. Die Luft ist gefüllt vom Duft des Waldes und die Sonnenstrahlen lassen den Alltagsstress vergessen. Was gibt es denn für eine bessere Möglichkeit, als sich zu bewegen und den Kopf freizubekommen?

TIPP
Die Holzmeister-Alm tischt in der warmen Jahreszeit Jause und auch Kaiserschmarrn auf.

Zwischen dem Vorderen und Hinteren Gosausee führt der Weg durch den schattigen Wald. Überall wächst das Moos und mit etwas Glück entdeckt man sogar einen der winzigen Frösche, die dieses Paradies ihr Zuhause nennen. Der Wanderweg wirkt verzaubert und schlängelt sich sanft durch die Landschaft.

Das absolute Highlight der Wanderung ist der Augenblick, wenn man den Hinteren Gosausee erblickt: Gerahmt von Bäumen liegt der See in absoluter Stille da. Dahinter erhebt sich das mächtige Dachsteinmassiv. Der beste Platz, um jetzt diese Szenerie zu verinnerlichen und voll und ganz im Moment zu sein, ist der große Baumstumpf etwas unterhalb des Wanderwegs. Raufklettern, hinsetzen und tief einatmen. Ist das nicht Idylle pur!? Wer sich mit dem Sonnenstand beschäftigt, kann von hier aus einen atemberaubenden Sonnenaufgang hinter dem Bergkamm beobachten.

- Baumstumpf am Hinteren Gosausee, 4825 Gosau
- ÖPNV: Bus 542, Haltestelle Hintertal bei Gosau Gosaukammbahn (Einstieg in die Wanderung)

Kitsch pur

75 Der Aussichtspunkt in Hallstatt

Dass Hallstatt zu jeder Jahreszeit einen Besuch wert ist, ist möglicherweise kein Geheimnis mehr. Aber es geht in diesem Buch ja nicht darum, Geheimnisse preiszugeben, sondern Orte zu teilen, die glücklich machen. Und die Aussichtsterrasse im kleinen Örtchen Hallstatt zaubert auf jeden Fall viele zufriedene Mienen in die Gesichter der Besucher. Der öffentlich zugängige Aussichtspunkt gewährt zweifelsfrei ein paar der schönsten Blicke auf den Hallstätter See mit dem Ort im Hintergrund. Die prominente Evangelische Pfarrkirche, die man von hier aus perfekt im Blick hat, ist quasi zum Wahrzeichen mutiert und weit über die Grenzen Österreichs hinweg bekannt. Mehrere Tausend Besucher verzeichnet Hallstatt – jeden Tag. Und mehrere Tausend Besucher sind Tag für Tag verzückt von der atemberaubenden Kulisse und halten ihre Erinnerungen fleißigst fest. Auf Instagram sind weit über 800.000 Fotos mit dem Hashtag „#hallstatt" von Menschen aus der ganzen Welt hochgeladen worden – und es werden immer mehr.

TIPP

Wer vor 9 Uhr in Hallstatt umherspaziert, hat den Ort quasi für sich alleine. Ideal für schöne Fotos!

Der Kult um diesen klitzekleinen Platz im Salzkammergut wächst stetig weiter. Ein gesunder Menschenverstand und Respekt sollten bei einem Besuch auf jeden Fall im Gepäck sein. Denn es ist eben keine Filmkulisse, sondern ein Ort, an dem Menschen auch leben und ihrem Alltag nachgehen. Aus diesem Grund empfiehlt sich auch eine Anreise mit den Öffis. Die S-Bahn fährt entlang des Sees und es ist eine der schönsten Zugstrecken, die es überhaupt gibt. Ein wunderbares Erlebnis ist auch die Überfahrt vom Bahnhof nach Hallstatt selbst – denn der See liegt genau dazwischen – und diese ist mit der Fähre ein Erlebnis für sich.

Wer einen anderen Aussichtspunkt auf den Hallstätter See sucht, sollte die kurze Wanderung hoch zu den Salzwelten unternehmen. Nach gut einer Stunde sind über 300 Höhenmeter auf 2 Kilometern überwunden und von der Plattform gibt es einen weiteren großartigen Ausblick auf die Landschaft. Nicht umsonst ist dieser als „Welterbe-Blick" bekannt.

● Aussichtspunkt Hallstatt, Gosaumühlstraße 67, 4830 Hallstatt

Ehrwürdige Riesin

76 Die Waldkiefer am Ufer des Grundlsees

Spaziert man entlang des Grundlsees, offenbart sich die Schönheit des steirischen Salzkammerguts. Recht mittig am nördlichen Ufer thront eines der imposantesten Naturdenkmäler des Landes. Wir sprechen von einer riesengroßen Waldkiefer, die direkt am Ufer des Sees wurzelt. Es wirkt so, als würde sie ein wachsames Auge über die anderen Bäume, aber auch über die kleinen und großen Tiere, Bewohner und Besucher haben. Einer der Äste hängt tief direkt über dem Wasser, dass man meinen könnte, sie würden dieses großmütterlich schützen wollen.

Besonders einzigartige und besondere Kreationen der Natur können als Naturdenkmal geschützt werden. Dies ist – wie könnte es in Österreich auch anders sein – je nach Bundesland unterschiedlich geregelt. Diese Denkmäler der Natur können einzelne Bäume und auch Gruppierungen von Bäumen sein. Hier hört es aber keineswegs auf: Denn auch Wasserfälle, Felsformationen, Höhlen und Lebensräume seltener Tierarten können geschützt und mit dem Siegel des Naturdenkmals versehen werden. Wichtig ist hierbei, dass sie natürlich und ohne Zutun des Menschen entstanden sind. Die mächtige Kiefer genießt seit 2011 diesen besonderen Status am Grundlsee. Dank des Parkplatzes gegenüber der Abzweigung zum Gaiswinklweg von der Bräuhofstraße, die direkt entlang des Sees führt, ist sie auch kaum zu verfehlen. Da sie direkt am Wasser steht, bietet es sich an, entweder im kühlen Schatten der außergewöhnlichen Krone ein Picknick zu machen oder seinen Tagträumen freien Lauf zu lassen. Was würde der alte Baum für Geschichten von vergangenen Zeiten erzählen, welche Begegnungen würde er kichernd zum Besten geben und welche Ratschläge auf dem Weg mitgeben? Ob die Waldkiefer wohl an Feen glaubt und an besondere Kraftplätze? Egal, was man selbst darüber denkt, der Baum ist ein Ort der Ruhe und des Herunterkommens. Ein Rückzugsort mit Seltenheitswert, der neue Energie versprüht und vielleicht auch Glück bringt.

- Waldkiefer am Grundlsee, Bräuhof 237, 8993 Bräuhof
- ÖPNV: Bus 956, Haltestelle Grundlsee Rösslern

Noch einmal!

77 Die Sommerrodelbahn am Grünberg in Gmunden

Gibt es etwas, das Kindheitserinnerungen mehr hervorruft als die Fahrt auf einer Sommerrodelbahn? Wohl kaum – oder zumindest kann nicht vieles mit dieser starken Assoziation mithalten. Wenn einem der Fahrtwind durch die Haare fährt, man vor lauter Adrenalin nur noch Glück empfinden kann und es einfach eine gute Zeit ist. Sobald man dann unten angekommen ist, kommt immer wieder derselbe Gedanke: Noch einmal! Am Grünberg am Traunsee werden solche Gefühle wieder geweckt – egal, wie lange die eigene Kindheit bereits zurückliegt.

Der Start des Grünbergflitzers ist nur wenige Minuten von der Bergstation der Seilbahn entfernt. Wer sich aber sportlich betätigen und auf die Fahrt mit der Gondel verzichten möchte, kommt vom Parkplatz im Tal in gut 1,5 Stunden auf den Grünberg. Dabei verpasst man aber womöglich den wunderschönen Ausblick über Gmunden und Teile des Traunsees, wenn man so über die Baumkronen schwebt. Der Grünbergflitzer hat eine Länge von 1,4 Kilometern und schlängelt sich an den Hügel. Die Bahn führt dabei auch durch kleine Waldabschnitte und hat einige Stellen, an denen man so richtig beschleunigen kann. Da entkommt einem schnell mal ein herzhafter Freudenschrei. Die Sommerrodelbahn führt zwar nicht komplett ins Tal hinunter, dafür hat sie einen anderen Vorteil: Man muss nicht wieder zu Fuß zur Einstiegsstelle hochwandern. Ganz bequem bleibt man sitzen und ein umfunktionierter Schlepplift zieht einen gemächlich wieder hinauf.

Der Grünberg an sich ist ein kleines Paradies, wenn es darum geht, Natur und Aktivitäten zu vereinen. Ein traumhaftes Naherholungsgebiet für alle, die Zeit an der frischen Luft verbringen wollen. Neben der Sommerrodelbahn gibt es auch noch andere Highlights zu erleben, die locker einen Tag füllen: Der Baumwipfelpfad bietet imposante Weitblicke und mit Schwung geht's dann in der Rutsche wieder hinunter. Danach noch weiter zum Laudachsee und sich in der Hütte stärken.

- Sommerrodelbahn am Grünberg, Karl-Josef-von-Frey-Gasse 4, 4810 Gmunden, Tel. +43 (50) 1 40, www.gruenberg.info
- ÖPNV: Bus 511, Haltestelle Gmunden Grünbergseilbahn Talstation

GO
STOP

Schlemmerparadies

78

Speisen bei den Almwirtinnen in Grünau im Almtal

Wer den Weg ins Almtal gefunden hat, wird immer wieder kommen. Und wer einmal durch die Türe der Almwirtinnen gegangen ist, wird auch immer wieder eintreten wollen. Sommer wie Winter ist's hier gemütlich und man wird kulinarisch aufs Beste versorgt.

Wer sind die Almwirtinnen denn eigentlich? Michaela Ettinger und Agnes Holzinger haben sich hier in Grünau im Almtal etwas aufgebaut, das sich wirklich sehen lassen kann. Und auch schmecken! Seit Frühling 2019 verköstigen sie mit ihrem Team mit viel Herzblut und noch mehr Können jeden, der hereinspaziert. Die Almwirtinnen haben sich hier ein Platzerl geschaffen, das sich im malerischen Almtal perfekt einfügt. Sanfte Hügellandschaften, mit Wiesen und Wäldern und natürlich dem Almfluss lassen sich ideal für einen gelungenen Tagesausflug kombinieren. Zum Einkehren dann unbedingt hierherkommen. Besonders herrlich ist es in den heißen Sommermonaten, denn dann ist der schattige Gastgarten neben dem Fluss der perfekte Ort, um sich zu laben und den Temperaturen zu entkommen. Während man genüsslich ein Glas erfrischenden Holundersaft aus der Eigenproduktion schlürft und sich der strahlenden Sonne erfreut, wird in der Küche eifrig geschnippelt und gekocht. Michaela Ettinger und Agnes Holzinger sind beide echte Powerfrauen, die mit ihrem Engagement und ihrer Leidenschaft Wirtshaus-Feeling leben und dafür sorgen, dass sich die Gäste rundum wohlfühlen. Je nach Saison und Verfügbarkeit der Zutaten in der Region ändert sich die Speisekarte und passt sich so den Jahreszeiten an. Viele der Ingredienzien kommen direkt aus dem Almtal oder dem Salzkammergut. Das Fleisch stellt der Metzger aus dem Dorf und der Fisch stammt flussaufwärts von einem kleinen Fischereibetrieb. Hier wird noch Wert auf Qualität aus der Region gelegt, was man bei jedem Bissen auch schmeckt.

Zu besonderen Anlässen gibt es tolle Veranstaltungen bei den Almwirtinnen. Wie wäre es denn mit einem Tapas-Abend mit Fisch, Muscheln und anderen Köstlichkeiten?

- Die Almwirtinnen, Im Dorf 40, 4645 Grünau im Almtal, Tel. +43 (6 76) 9 10 58 11 www.almwirtinnen.at
- ÖPNV: verschiedene Regionalzüge, Haltestelle Bahnhof Grünau im Almtal

Familienidyll

79 Das Hotel Sommerhof in der Gosau

„Nur was von Herzen kommt, ist auch echt.“ Dieses Motto ist nicht einfach so dahingesagt, sondern wird im Hotel Sommerhof so gelebt. Als Gast spürt man das ab dem ersten Moment, in dem man in der Gosau ankommt. Schon die Fahrt hierher ist ein wahrer Genuss. Egal, von welcher Seite aus man anreist, es ist immer ein Traum. Die majestätische Berglandschaft umgibt das Tal und wer nicht unbedingt von Salzburg aus anreist, wird zumindest bei dem einen oder anderen Salzkammergutsee direkt vorbeikommen. Und selbst, wer aus dem Westen kommt, sollte sich überlegen, den Umweg über den Fuschlsee, Wolfgangsee und Hallstättersee in Kauf zu nehmen. Diese zusätzlichen 15 Minuten entlang der Österreichischen Romantikstraße werden mit fantastischen Weitblicken belohnt und stimmen auf den vor sich liegenden Urlaub ein.

Der Sommerhof im Herzen der Gosau war einst ein kleiner Bauernhof, mit dem lieblichen Namen „Stoffengut“. Dass sich an dessen Stelle heute eines der besten Familienhotels des Landes befindet, ist wahrlich kein Zufall. Denn seit Ende der 1960er-Jahre wurde sukzessive umgebaut, umgeplant, erweitert, verschönert und einfach eine große Menge an Herzblut in den Familienbetrieb gesteckt. So ist der Sommerhof ein echter Glücksort für Familien, die in ihrem gemeinsamen Urlaub nicht nur eine Unterkunft, sondern auch ein Zuhause suchen. Die familiäre Atmosphäre und Herzlichkeit eines jeden, der im Hotel tätig ist, zaubert bereits schon beim Frühstück ein Lächeln auf die Lippen. So ist der Sommerhof nicht nur das perfekte Ziel für eine Auszeit – ob mit oder ohne Kinder – inmitten des Inneren Salzkammerguts. Zu erkunden gibt es auf jeden Fall genügend: einfache und auch anspruchsvolle Erkundungstouren im Dachsteingebirge oder doch lieber im hoteleigenen Pool oder Jacuzzi entspannen? Für die Kleinsten ist auch vorgesorgt, denn im Kinderparadies auf 2000 Quadratmetern herumzutoben und neue Freundschaften zu schließen, macht einen Familienurlaub doch erst perfekt.

● Hotel Sommerhof, Gosauseestraße 34, 4824 Gosau, Tel. +43 (8 00) 80 80 92
www.sommerhof.at
● ÖPNV: Bus 542, Haltestelle Mittertal bei Gosau Ort

Wie schön kann Wasser sein

80

Der Waldbachstrub Wasserfall

Die Natur beschert uns doch die schönsten Glücksorte – dies ist im Salzkammergut sicherlich so. Wohin man auch sieht und in welcher Ecke der Region man unterwegs ist, so gibt es immer einiges zu entdecken. Unweit und etwas außerhalb des – zurecht – gehypten Hallstatts, gibt es im Echerntal einen Naturplatz, der wahrlich verzaubert: den Waldbachstrub Wasserfall. Und dieser ist wahrlich eine Besonderheit und lässt sich keineswegs mit anderen Wasserfällen in eine Schublade werfen. Eine Sonderkategorie sollte für ihn erschaffen werden, denn es ist ein Spektakel, das es so im Salzkammergut nirgends zu finden gibt. Gut 90 Meter ist er hoch und mit voller Wucht stürzen sich die Wassermassen hinab. Die Geräuschkulisse, in der man sich hier wiederfindet, ist gleichzeitig beeindruckend und beruhigend. Kaum einen Gedanken kann man fassen, so sehr zieht das Wasser in seinen Bann.

Obwohl jedes Jahr gut eine Million Besucher nach Hallstatt pilgern, finden nur wenige den Weg durchs Echerntal und zum Waldbachstrub Wasserfall. Ein Glück für all jene, die die Natur zum Aufladen ihrer inneren Akkus verwenden. Denn der Weg ist ein gemütlicher und führt die meiste Zeit durch den schattigen Wald. Ideal für heiße(re) Sommertage, wenn man sich nach einer natürlichen Abkühlung sehnt. Den Wasserfall selbst beschreiben zu wollen, täte ihm nicht recht. Zu beeindruckend, zu vielseitig und zu abwechslungsreich ist dieser. Ein Phänomen und gleichzeitig ein Kunstwerk der Natur.

Wanderlustige können die Tour auch nach Belieben ausweiten und die weiteren Wege im Tal erkunden. So führt der beschilderte Malerweg auch hier entlang und es gibt weiter oben sogar einen Gletschergarten zu entdecken. Wer seine Beine nicht in Zaum halten kann, wird sich freuen zu erfahren, dass man von hier aus auch zum Löckermoor oder dem Hinteren Gosausee bis in die Gosau weiterwandern kann. Mit einer Erkundungstour also gleich mehrere Glücksorte kennenlernen – was für ein Glück!

● Waldbachstrub Wasserfall, Parkplätze in der Nähe des Kleinwasserkraftwerks, Malerweg, 4830 Hallstatt

Ein herzliches Danke geht an die folgenden Menschen und Organisationen, die mich in den vergangenen Monaten mit Ideen oder ihrer Zeit unterstützt haben:
Claudia Braunstein, Barbara Riedel, Pia Paulinec, Eva Drnek, Emily Herkommer, Sophie Schafleitner, Barbara Ogris, Sophie Neher, Betty Jehle, Gerald Reisecker, Jörg Steiner, Silvana Veit, Gerhard Urbanek, Andrea Urbanek, Christina Tropper, Maximilian Habsburg-Lothringen, Konrad Lorenz Stiftung, Naturschauspiel, Mona Probstner und Josef Dämon.

Bibliografische Informationen der Deutschen Nationalbibliothek
Die Deutsche Nationalbibliothek verzeichnet diese Publikation in der Deutschen Nationalbibliografie; detaillierte bibliografische Daten sind im Internet über http://dnb.d-nb.de abrufbar.

Konzeption/Satz: Droste Verlag, Düsseldorf
Einbandgestaltung und Illustrationen: Britta Rungwerth, Düsseldorf, unter Verwendung von Bildern von © Fotolia.com: jd – photodesign.de; © iStock: Plociennik Robert
Fotos: Viktoria Urbanek, außer: S. 103: Salzburg AG Tourismus GmbH / Foto Kunstbahr; S. 157: Barbara Riedel; S. 165: Sommerhof
Textlektorat: Stephanie Mattner, Castrop-Rauxel

FSC www.fsc.org
MIX
Papier aus verantwortungsvollen Quellen
FSC® C011279

Druck und Bindung: LUC GmbH, Greven
ISBN 978-3-7700-2455-1

www.droste-verlag.de